Meine Zimmer-pflanze und ich

DK London / Delhi

Lektorat
Katie Cowan, Holly Kyte,
Louise Brigenshaw, Alastair Laing,
Kiron Gill, Dawn Henderson

Gestaltung und Bildredaktion
Tessa Bindloss, Marianne Markham,
Maxine Pedliham, Vikas Sachdeva,
Vinita Venogopal, Adhithi Priya, Ankita
Das, Arunesh Talapatra, Neeraj Bhatia,
Vikram Singh, Umesh Singh Rawat

Umschlaggestaltung
Louise Brigenshaw, Lucy Philpott

Herstellung
David Almond, Luca Bazzoli,
Pankaj Sharma, Sunil Sharma

Illustrationen Federica Gargiulo,
Mark Clifton

Fotos Ruth Jenkinson

Für die deutsche Ausgabe:
Programmleitung Monika Schlitzer
Redaktionsleitung Dr. Kerstin Schlieker
Projektbetreuung Manuela Stern
Herstellungsleitung Dorothee Whittaker
Herstellungskoordination Claudia Rode
Herstellung Inga Reinke

Titel der englischen Originalausgabe:
My Houseplant changed my Life

Übersetzung Reinhard Ferstl
Lektorat Christine Ritter

ISBN 978-3-8310-4269-2

Druck und Bindung
C&C Offset Printing, China

MIX
Papier aus verantwortungsvollen Quellen
FSC® C008047

www.dk-verlag.de

Hinweis
Die Informationen und Ratschläge in diesem Buch sind vom Autor und vom Verlag sorgfältig erwogen und geprüft, dennoch kann eine Garantie nicht übernommen werden. Eine Haftung des Autors bzw. des Verlags und seiner Beauftragten für Personen-, Sach- und Vermögensschäden ist ausgeschlossen.

Meine Zimmerpflanze und ich

Besser leben mit mehr Grün

David Domoney

INHALT

Vogelnestfarn
Asplenium nidus
S. 44–45

Königs-Begonie
Begonia rex (Sorten)
S. 46–47

Zebra-Korbmarante
Calathea zebrina
S. 48–49

Leuchterblume
Ceropegia linearis
subsp. *woodii*
S. 52–53

Bergpalme
Chamaedorea elegans
S. 54–55

Grünlilie
Chlorophytum comosum
S. 56–57

Zimmer-Klivie
Clivia miniata
S. 58–59

Kroton
Codiaeum variegatum
S. 60–61

Geldbaum
Crassula ovata,
syn. *C. argentea*
S. 62–63

Erbsenpflanze
Curio rowleyanus, syn.
Senecio rowleyanus
S. 64–65

Dendrobium
Dendrobium
S. 66–67

Dieffenbachie
Dieffenbachia 'Tropic
Marianne'
S. 68–69

Venusfliegenfalle
Dionaea muscipula
S. 70–71

Duftender Drachenbaum
Dracaena fragrans
S. 74–75

Gerandeter Drachenbaum
Dracaena reflexa var.
angustifolia S. 76–77

Goldfruchtpalme
Dypsis lutescens
S. 78–79

Weihnachtsstern
Euphorbia pulcherrima
S. 80–81

Birken-Feige
Ficus benjamina
S. 82–83

Gummibaum
Ficus elastica
S. 84–85

Kap-Gardenie
Gardenia jasminoides
S. 86–87

Guzmanie
Guzmania (Sorten)
S. 88–89

Samtpflanze
Gynura aurantiaca
S. 90–91

Amaryllis
Hippeastrum (Sorten)
S. 92–93

Punktblume
Hypoestes phyllostachya
S. 96–97

Brutblatt
Kalanchoe daigremontiana
syn. *Bryophyllum daigremontianum* S. 98–99

Flammendes Käthchen
Kalanchoe blossfeldiana
S. 100–101

Lebende Steine
Lithops
S. 102–103

Bunte Pfeilwurz
Maranta leuconeura
'Fascinator Tricolor'
S. 104–105

Mimose
Mimosa pudica
S. 106–107

Großes Fensterblatt
Monstera deliciosa
S. 108–109

Schwertfarn
Nephrolepis exaltata
S. 110–111

Schmetterlingsorchidee
Phalaenopsis
S. 112–113

Herzblättriger Philodendron
Philodendron cordatum
S. 114–115

Blauer Haarsäulenkaktus
Pilosocereus azureus
S. 116–117

Usambaraveilchen
Saintpaulia-Hybriden
S. 118–119

Schwiegermutterzunge
Sansevieria trifasciata
S. 120–121

Kleine Strahlenaralie
Schefflera arboricola
'Compacta'
S. 124–125

Scheidenblatt
Spathiphyllum 'Mauna Loa'
S. 126–127

Kranzschlinge
Stephanotis floribunda
S. 128–129

Drehfrucht
Streptocarpus (Sorten)
S. 130–131

Blaue Tillandsie
Tillandsia cyanea
S. 132–133

Tillandsien
Tillandsia
S. 134–135

Zebrakraut
Tradescantia zebrina
S. 136–137

Flammendes Schwert
Vriesea splendens
S. 138–139

Riesen-Palmlilie
Yucca elephantipes
S. 140–141

VORWORT DES AUTORS

Inzwischen ist bewiesen: Zimmerpflanzen in der Wohnung erhöhen die Lebensqualität.

Ebenso zweifelsfrei steht fest, dass es irgendwo da draußen diese eine Zimmerpflanze gibt, die wie geschaffen für Sie und Ihre Wohnung ist. In diesem Buch habe ich Pflanzen versammelt, die Vernachlässigung überleben oder gern verwöhnt werden, solche, die mit der Zuverlässigkeit eines Uhrwerks blühen oder sich das ganze Jahr von ihrer besten Seite zeigen. Jede macht Ihr Leben auf ihre Weise schöner, hat aber auch einen individuellen Charakter, der sie zu etwas Besonderem macht.

Wenn wir pflanzenlose Räume betreten, kommen sie uns leblos vor. Ein Hotelzimmer, Kellergeschoss oder fensterloses Büro ohne Grün scheint uns die Lebensenergie zu nehmen. Ein Garten mit Rasen, Bäumen und Blüten hingegen hebt unsere Stimmung. Denken Sie nur daran, wie Sie in der Natur aufatmen und neue Kraft schöpfen. Zwischen Pflanzen fühlen wir uns wieder wie Menschen. Sie haben enorme Auswirkungen auf unser körperliches und geistiges Wohlbefinden.

Ich möchte, dass Sie eine Leidenschaft für die Natur bei sich zu Hause entwickeln. Dabei geht es nicht nur um die Pflege, sondern auch darum, Kleinigkeiten wertzuschätzen, etwa die Schönheit eines frischen Blatts, das Entfalten einer neuen Blüte, wenn andere Ihre Pflanzen bewundern oder Ihr eigenes sinnliches Erleben inmitten Ihrer grünen Begleiter. Sie werden staunen, wie viele Vorteile Zimmerpflanzen haben. Ich bin sicher, diese wundersamen Organismen avancieren schon bald zu geschätzten Mitgliedern Ihrer Familie.

David Domoney
Gartenbauingenieur
und -designer

Leben mit Zimmerpflanzen

PFLANZEN UND MODERNES LEBEN

Der Mensch als Jäger und Sammler hat eine enge Bindung zur Natur entwickelt. Durch den rasanten technischen Fortschritt aber verbringen wir der WHO zufolge heute rund 90 Prozent unserer Zeit in geschlossenen Räumen. Der Bezug zu Pflanzen und Tieren ist verloren gegangen.

Die Natur auf der Fensterbank

In den letzten Jahrzehnten haben zahlreiche wissenschaftliche Studien immer klarer untermauert, was auch die Erfahrung zeigt: Die Beschäftigung mit Pflanzen und der Natur regt unsere Sinne an, belebt den Geist und wirkt sich positiv auf unser körperliches und geistiges Wohlbefinden aus. Fehlt dagegen der Bezug zur Natur, spricht man bereits vom »Natur-Defizit-Syndrom« als typischer Erscheinung unserer Zeit.

Im grünen Bereich

Natürlich können wir nicht von heute auf morgen in die Wildnis zurückkehren und dort allein von deren Gaben leben. Indem wir uns aber Pflanzen in die Wohnung holen, tun wir schon einen ersten Schritt hin zu einer neuerlichen Annäherung an die Natur. Die Pflege von Grün auf der Fensterbank bringt uns der Natur wieder näher. Zimmerpflanzen bilden einen grünen Rahmen, der das Drinnen und Draußen konkret und sinnbildlich miteinander verknüpft. Sie machen das harsche Grau und die geraden Linien von Gebäuden weicher, lenken unsere Aufmerksamkeit auf schöne Ausblicke und laden ein, diese zu erkunden.

Das Draußen nach drinnen holen
Fassen Sie Ihr Fenster oder Büro mit einem »grünen Rahmen« ein. Das bringt Sie der Natur näher.

Weg vom Schirm, hin zum Grün

Unser modernes Leben findet immer mehr vor dem Display statt – ob von Telefonen, Tablets, Laptops oder Fernsehern. Soziale Medien sind zwar eine fantastische Plattform, um Informationen auszutauschen und sich Anregungen nicht zuletzt über die Natur zu holen, doch macht man sich dort nur zu leicht zum Sklaven von Algorithmen.

Grüne Pausen

Wir alle haben mitunter das Bedürfnis, eine Auszeit vom Bildschirm zu nehmen. Die Pflege von Pflanzen bietet die Gelegenheit dazu. Sie nimmt uns den Druck, ständig mit der Welt verbunden zu sein, und ersetzt ihn durch eine Hinwendung zu Lebewesen, die nicht ständig etwas von uns verlangen.

Das zu lange Starren auf Bildschirme kann die Gesundheit beeinträchtigen und zu überanstrengten, trockenen Augen, verschwommenem Sehen und Kopfschmerzen führen, belastet den Rücken und schlägt sich entsprechend in Kreuz- und Halsschmerzen nieder. Eine »Pflanzenpause« zum Wässern, Düngen und allgemeinen Pflegen macht nicht nur den Kopf frei, sondern tut auch Körper und Geist gut.

Blau ist Hektik, grün Wohltat

Sind wir auf Tuchfühlung mit der Natur, funktioniert unser Gehirn besser. Die Farbe Grün assoziieren wir nachweislich mit Glück, Geborgenheit, Hoffnung und Frieden. Wer sich das bewusst macht, kann die Auswirkungen der Technik um sich herum abmildern. Das blaue Licht von PC-, Smartphone- und Fernsehschirmen etwa vermindert die Ausschüttung des Schlafhormons Melatonin und lässt uns schlechter schlummern. Entgegenwirken kann man dem mit grünem Laub: Zimmerpflanzen vermitteln Sicherheit und Ruhe – ideale Bedingungen für guten Schlaf. Und während wir im Reich der Träume weilen, reinigen sie nebenbei auch noch die Luft.

PFLANZEN UND WOHLBEFINDEN

In meinen Vorträgen hebe ich immer wieder die positive Wirkung von Freiluftgärten auf unsere psychische Gesundheit hervor. Viele wären jedoch überrascht, wüssten sie, dass auch Zimmergärten gut für uns sind – vor allem weil wir mehr und mehr Zeit drinnen verbringen.

Zimmerpflanzen können einen ganz und gar praktischen, aber auch emotionalen Beitrag zu unserem Wohlbefinden leisten. In unserer schnelllebigen urbanen Gesellschaft mit ihrem rasanten technischen Fortschritt stehen wir ständig unter Druck, mitzuhalten. Das kann Stress, Stimmungstiefs und Motivationsmangel auslösen, das Selbstwertgefühl beeinträchtigen und vermehrt zu Depressionen, posttraumatischen Belastungsstörungen, Angstzuständen, Einsamkeit und Zwangserkrankungen führen.

Die Pflege von Zimmerpflanzen hingegen ist eine angenehme Beschäftigung mit positiver Wirkung. Das verwundert nicht, denn die Wertschätzung der Natur ist evolutionär tief in uns verankert. Unseren Vorfahren, die Jäger und Sammler waren, signalisierten Blütenfarben Nahrung. Deshalb regt ihr Anblick die Ausschüttung des Glückshormons Dopamin an. Selbst wenn wir heute ganzjährig mit genügend Nahrung versorgt werden, heben Blüten noch unsere Stimmung. Zudem beruhigt die Beschäftigung mit Pflanzen und tut der Seele gut.

Begonien faszinieren durch ihre reiche Blattzeichnung.

Königs-Begonie

Die Aloe überrascht mit ungewöhnlichen Blüten.

Tiger-Aloe

Natürliche Elemente
Begonien *(S. 46–47)* und Aloen *(S. 38–41)* sind eine angenehme Ablenkung und verbessern die Konzentration.

Zerstreuung und Rückschau

Der Anblick von schönen Blüten und Blättern kann eine wohltuende Ablenkung sein und angenehme Erinnerungen wecken.

- **Zerstreuung** Verantwortung für ein Lebewesen zu übernehmen durchbricht den Teufelskreis negativer Gedanken. Der Fokus verlagert sich weg vom Stress und gibt neuen Lebensmut.

• **Erinnerungen** Pflanzen wecken durch ihren Anblick und Duft schöne Erinnerungen. Sie verbessern im Nu unsere Stimmung, vertreiben Trübsal und ersetzen sie durch positive Gedanken. Der Anblick eines Flammenden Käthchens, das Großmutter einst zog, beschwört Kindheitserlebnisse herauf. Der Duft von Jasmin weckt vielleicht Reminiszenzen an die Hochzeit. Ein Weihnachtsstern bringt festliche Stimmung. Und der Duft einer Gardenie lässt Bilder aus dem Sommerurlaub vorbeiziehen. So sind viele Pflanzen positiv besetzt und zaubern ein Lächeln auf unsere Lippen.

Pflege

Durch die Pflege von Pflanzen bekommen wir wieder einen Bezug zur Natur.

• **Der Wohlfühlfaktor** Indem wir uns in der Pflege von Pflanzen verlieren, lösen wir uns vom Stress. Das reduziert die Ausschüttung des Stresshormons Cortisol und beruhigt, was wiederum die Produktion des Hormons Dopamin anregt, das gute Laune macht und motiviert.

»Die **Wertschätzung für Natur** ist evolutionär tief in uns verankert.«

• **Den Teufelskreis durchbrechen** Pflanzen können zum Hobby werden. Das durchbricht den negativen Kreislauf aus schlechter Stimmung und Depression. Die Entwicklung positiver neuer Gewohnheiten ist ein anerkanntes Element der Kognitiven Verhaltenstherapie.

Grünlilien bilden Ableger, die man abschneiden kann.
Stecken Sie die Ableger zum Einwurzeln in mit Wasser gefüllte Gläser.
Sobald die Ableger Wurzeln tragen, kann man sie eintopfen.

Erfolgserlebnisse
Das Vermehren und Heranziehen eigener Pflanzen verschafft erhebende Erfolgserlebnisse. Grünlilien (*S. 56–57*) eignen sich gut für den Einstieg in das Zimmergärtnern.

• **Erfolgserlebnis** Pflanzen heben das Selbstwertgefühl. Es macht uns stolz zu sehen, wie Lebewesen durch unsere Zuwendung gedeihen. Hat man eine Pflanze erfolgreich vermehrt oder sieht sie blühen, wird Serotonin ausgeschüttet, ein weiteres stimmungsaufhellendes Hormon.

• **Gesundes Verhältnis** Pflanzen haben eine positive Wirkung auf Menschen mit Essstörungen, wie Studien zeigen. Denn sie zwingen sie, die Aufmerksamkeit auf andere Lebewesen zu richten. Bei solchen Therapien ist zwar Fingerspitzengefühl gefragt, doch kann man erreichen, dass Betroffene durch den Anbau von Salat, Gemüse, Kräutern und Pilzen ein gesundes Verhältnis zur Nahrung entwickeln.

Gemütlichkeit

Pflanzen bringen Leben, Behaglichkeit und eine positive Stimmung in ein Heim.

• **Visuelle Therapie** Die Veränderung von Räumen gehört bei posttraumatischen Belastungsstörungen zur Therapie. Die Begrünung eines Zimmers mit Pflanzen kann sich dabei positiv auswirken.

• **Frische Luft** Pflanzen zwingen uns dazu, Licht und Luft in Räume zu lassen. Durch das Öffnen von Fenstern dringt Vogelgezwitscher nach drinnen. Das hebt die Stimmung und verscheucht negative Gedanken.

• **Lebendiges Heim** Menschen sind Lebewesen und genetisch auf die Nähe zur

Königs-Begonien haben essbare Blüten mit pikantem Geschmack.
Der Saft der Aloe vera pflegt und beruhigt die Haut.

Ein gesundes Heim
Pflanzen laden zum Innehalten und Betrachten ein. Sie liefern Essbares, verbessern die Raumluft und steigern unser psychisches wie physisches Wohlbefinden.

»Ein Haus wird erst durch die **Lebewesen** darin zum Heim.«

Natur gepolt. Öde Stadträume ohne Pflanzen empfinden wir schnell als bedrückend. Ein Haus wird erst durch die Lebewesen darin zum Heim. Unsere Familien, aber auch Haustiere und Pflanzen machen es erst so richtig wohnlich. Lebende Pflanzen werten es mit ihren natürlichen Blatt- und Blütenfarben auf, sie wirken sich außerdem positiv auf die Psyche aus. Sie verstärken das Gefühl von Geborgenheit und Vertrautheit und empfangen ihre Besitzer beim Nachhausekommen als grüner Willkommensgruß.

• Geteilte Freude, doppelte Freude
Seine Begeisterung für Zimmerpflanzen mit anderen zu teilen macht gleich noch mehr Spaß. Halten Sie Freunde und Verwandte über Ihre Erfolge auf dem Laufenden. Das schafft nicht nur Vertrautheit, sondern erhöht auch das Vertrauen in Sie. Selbstgezogene Geschenke sind etwas sehr Persönliches und zeigen den Beschenkten, dass Sie Leben schaffen. Umgekehrt sind geschenkte Pflanzen eine stets präsente, lebendige Erinnerung an die Schenkenden.

Grüne Mitbewohner
Als lebende und atmende Organismen erfüllen Pflanzen ein Heim mit Leben. Sie sorgen für Wärme und Vertrautheit – und können sogar zu geliebten Familienmitgliedern werden.

Wer Haustiere hat, wählt besser ungiftige Pflanzen.

PFLANZEN UND LUFTQUALITÄT

Zimmerpflanzen verbessern die Luftqualität, da sie Kohlendioxid absorbieren und Sauerstoff freisetzen. So sorgen sie für gute Atemluft und optimale Gehirnfunktion. Zudem können sie den Anteil von Schadstoffen verringern, die von Haushaltsprodukten in die Luft abgegeben werden.

Wir verwenden im Alltag etliche Produkte, die ihre Spuren in der Luft hinterlassen. Aerosole, Reinigungsmittel, Gasöfen, offene Kamine, Lacke und Zigarettenrauch emittieren oder enthalten Giftstoffe wie Formaldehyd, Benzol, Xylol und Ammoniak. Ohne ausreichende Lüftung reichern sie sich in der Zimmerluft an und können Kopfschmerzen, Schwindel, Antriebsschwäche, Augenreizungen oder Halsschmerzen verursachen. Zudem verschlimmern sie Haut- und Atemwegserkrankungen. Pflanzen können Schadstoffe aus der Luft filtern. Dazu führte die US-Raumfahrtbehörde NASA 1989 eine wegweisende Studie durch. Ihre Ergebnisse wurden 2007 von einer australischen Studie bestätigt, der zufolge mindestens drei große Pflanzen pro Person in einem Büro den Anteil flüchtiger organischer Verbindungen (VOCs) in der Raumluft um bis zu 75 Prozent senken können.

Da diese Studien unter Laborbedingungen stattfanden, ergeben sich in Durchschnittshaushalten eventuell andere Werte. Trotzdem kann man viel tun, um dafür zu sorgen, dass Pflanzen die Luft reinigen.

Halten Sie die Luft in Bewegung
Pflanzen wie der Blauen Tillandsie *(S. 132–133)* tut ein offenes Fenster zur Durchlüftung gut.

- Je mehr Pflanzen in einem Raum stehen, desto stärker wird die Luft gereinigt. Die genaue Zahl hängt von Größe, Alter und Zustand der einzelnen Gewächse ab. Kultivieren Sie deshalb so viele wie möglich.
- Lüften Sie regelmäßig, sodass Luft zirkulieren kann (auch ein Lüfter trägt dazu bei).
- Damit Pflanzen gesund bleiben und ihre optimale Reinigungswirkung entfalten, müssen sie ausreichend Licht, Wärme und Luftfeuchtigkeit bekommen.
- Verwenden Sie emissionsarme Produkte, um die Luftbelastung zu Hause zu senken.

LUFTREINIGUNG

Pflanzen setzen Sauerstoff frei – das ist ihr größter Vorzug. Wenn wir Sauerstoff einatmen, erzeugt unser Körper im Austausch Kohlendioxid. Pflanzen nehmen dieses CO_2 bei der Fotosynthese auf und geben Sauerstoff ab, womit der Kreislauf von Neuem beginnt. Darüber hinaus holen sie Schadstoffe aus der Luft.

Schadstofffilter
Viele Pflanzen absorbieren über das Laub Schadstoffe. Zudem befeuchten sie die Luft. Dadurch sinken Gifte in die Erde und werden dort abgebaut.

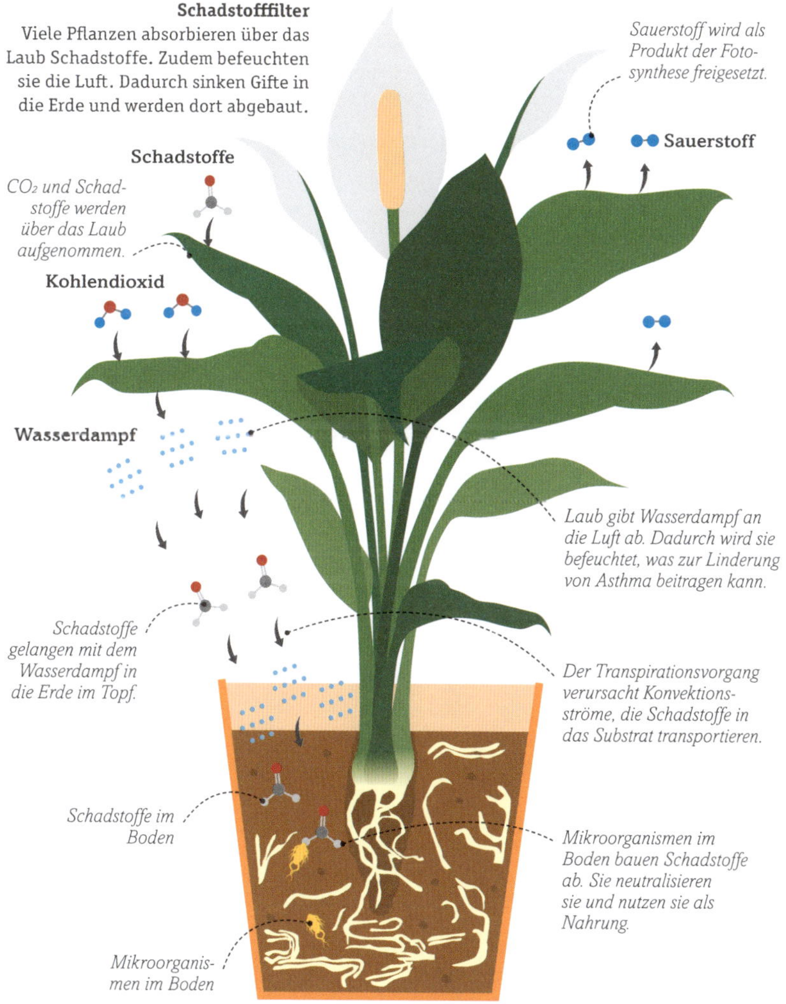

Schadstoffe
CO₂ und Schadstoffe werden über das Laub aufgenommen.
Kohlendioxid
Wasserdampf
Schadstoffe gelangen mit dem Wasserdampf in die Erde im Topf.
Schadstoffe im Boden
Mikroorganismen im Boden
Sauerstoff wird als Produkt der Fotosynthese freigesetzt.
Sauerstoff
Laub gibt Wasserdampf an die Luft ab. Dadurch wird sie befeuchtet, was zur Linderung von Asthma beitragen kann.
Der Transpirationsvorgang verursacht Konvektionsströme, die Schadstoffe in das Substrat transportieren.
Mikroorganismen im Boden bauen Schadstoffe ab. Sie neutralisieren sie und nutzen sie als Nahrung.

KINDER UND ZIMMERPFLANZEN

Wer Kinder für Pflanzen begeistert, verhilft ihnen zu einem optimalen Start ins Leben, fördert ihre positive Interaktion mit Lebewesen und schafft ein ausgewogenes Verhältnis zwischen künstlicher und natürlicher Umgebung. Wie man die Kleinen einbindet, hängt vom Alter ab.

Ich kann das schon!
Schon ab einem Alter von vier Jahren kann man Kinder für die Pflege von Zimmerpflanzen wie Aloe, Geldbaum und Lebenden Steinen gewinnen.

Klein- und Kindergartenkinder

Die frühen Jahre eignen sich bestens für einen ersten Kontakt zu Zimmerpflanzen. Für die Kleinsten sind Frauenhaarfarn und Samtpflanze eine faszinierende Sinneserfahrung und ideal zu »begreifen«. Für ältere Kleinkinder kann man eine Amaryllis-Zwiebel pflanzen – ihr beim Wachsen zuzusehen führt ihnen die Wunder und Schönheit der Natur perfekt vor Augen.

Grundschulkinder

Diese Altersgruppe kann bereits Aufgaben wie Wässern und Pflegen übernehmen. Für sie eignen sich ungiftige Pflanzen wie Leuchterblume, Lebende Steine, Aloe und Geldbaum (wobei man trotzdem darauf achten sollte, dass die Blätter nicht in den Mund wandern). All diese Pflanzen sind schön und zugleich unkompliziert.

»Eine Amaryllis führt Kindern die **Wunder und Schönheit** der Natur vor Augen.«

Kindel, die sich
am Blattrand
bilden, werden
eingetopft.

Selbst ist das Kind
Das Brutblatt ist für ältere Kinder leicht zu vermehren.

Zehn- bis Zwölfjährige

In diesem Alter werden Kinder sichtlich geschickter und machen eine rasante geistige Entwicklung durch. Lässt man sie nun Pflänzchen durch Ableger oder Stecklinge vermehren, haben sie Erfolgserlebnisse und lernen etwas dabei. Besonders die Punktblume (*Hypoestes phyllostachya*) weckt ihre Neugier. Deren Stecklinge einzuwurzeln macht Kinder richtig stolz.

Junge Teenies

Schlagen Sie Kids dieser Altersgruppe vor, etwas Grün auf der Fensterbank heranzuziehen. Sie sind noch Kind genug, um über die Wunder der Natur zu staunen, und gleichzeitig alt genug, die Pflanzen gut zu pflegen. Ideal sind ungewöhnliche Arten wie Venusfliegenfalle, Mimose oder Bunte Pfeilwurz, denn sie bewegen sich, was sie superinteressant macht – und zu einer Besonderheit, die man stolz vorzeigt.

Ältere Teens

Beim Wechsel ins Erwachsenenalter wollen sich viele von ihren kindlichen Gewohnheiten lösen. Da eignen sich Pflanzen bestens, mit denen man ein Zimmer ohne viel Aufwand, aber mit viel Wirkung verändern kann. Texturpflanzen wie Yucca oder Palmen verbreiten Erwachsenenfeeling, während Hingucker wie der Haarsäulenkaktus Gesprächsstoff liefern. Auch mit Orchideen sammeln Jugendliche Punkte bei Gleichaltrigen.

Mein eigenes Reich
Mit architektonischen Texturpflanzen wie der Riesen-Palmlilie *(siehe S. 140–141)* beeindruckt man Besucher wirkungsvoll.

FARBEN ALS STIMMUNGSGEBER

Farben beeinflussen unsere Stimmung. Die intensivsten Reaktionen rufen kräftige, satte Farben hervor, während dezentere Töne eher beruhigen. Die Farbpalette von Pflanzen ist groß: Beruhigende sind ebenso darunter wie belebende und solche, die einfach nur Frohsinn in den Tag bringen.

***Anthurium andraeanum*, S. 42–43**

Rot

Obwohl Rot zur Warnung vor Gefahren eingesetzt wird, wirkt es zugleich warm und voller Energie. Es regt an und entfacht Leidenschaften, weshalb es auch sehr romantikbeladen ist. Die lebendige, kräftige, intensive Primärfarbe setzt unübersehbare Zeichen und kann Gefühle entfachen. Eine rote Zimmerpflanze wirkt auf jeden Fall belebend auf die Sinne.

Grün

Menschen können bei Grün mehr Töne unterscheiden als bei jeder anderen Farbe. Denken wir an Grün, denken wir an Wälder und Gräser. Die Farbe beruhigt und erfrischt uns. Sie wird mit Glück, Sicherheit und Gesundheit verbunden, erdet uns und bringt uns mit der Natur in Einklang. Sich Grün ins Haus zu holen ist daher niemals eine schlechte Idee.

Der schwungvolle Schwertfarn lässt Räume frisch wirken.

***Nephrolepis exaltata*, S. 110–111**

Pilosocereus azureus, S. 116–117

Blau

Blau beruhigt und besänftigt. Es entspannt und macht uns gelassener. Wie Studien gezeigt haben, verbinden wir die Farbe mit klarem Himmel und sauberem Wasser, die universelle Anziehungskraft haben. Eine blaue Pflanze eignet sich perfekt für ruhige Augenblicke der Achtsamkeit.

Saintpaulia-Hybriden, S. 118–119

Violett

Violett ist in der Natur rar. Als Blüten- oder Laubfarbe wirkt es auf uns daher geheimnisvoll und faszinierend. Wegen seiner Seltenheit gilt es als Symbol des Reichtums und Wohlstands. Angeblich erhöhen violette Pflanzen in Räumen die Kreativität.

Gelb

Gelb steht für Optimismus und Zufriedenheit. Die fröhliche, energiegeladene Farbe wärmt uns wie die Sonne. Es heißt, sie habe großen Einfluss auf die linke Seite unseres Gehirns, die für Logik, Wahrnehmung und gründliche Reflexion zuständig ist.

Codiaeum-variegatum-Hybriden, S. 60–61

Orange

Wie andere warme Farben, etwa Rot und Gelb, steht Orange für Begeisterung und Spaß. Es ist grell, energiereich und heischt Aufmerksamkeit, wirkt aber auch ausgewogen, freundlich und einladend.

Clivia miniata, S. 58–59

Weiß

Weiß steht für Frieden und Reinheit. Es ist die ruhigste Farbe und erfüllt Räume mit Harmonie. Pflanzen mit weißen Blüten oder Hochblättern und kontrastierendem grünem Laub sind strahlend, frisch und elegant.

Dendrobium-Orchideen, S. 66–67

BEIM PFLANZENKAUF

Der Pflanzenkauf ist eine Kunst für sich. Überlegen Sie gut, wo Sie Ihr Exemplar aufstellen, wie es wächst, wie groß es wird und welche Pflege es braucht. Weil Pflanzen oft jahrelang in der Wohnung stehen, sollte man mit Bedacht entscheiden. Hier mein Einkaufsführer.

Etikett lesen

Trägt die Pflanze das richtige Etikett? Notieren Sie sich am besten den deutschen und den botanischen Namen. So können Sie sich später ausführlichere Informationen und Pflegetipps besorgen.

Giftig oder nicht?

Manche Pflanzen sind bei Verzehr gesundheitsschädlich oder haben einen hautreizenden Saft. Wer kleine Kinder hat oder Haustiere, die gern an etwas nagen, sollte dem Rechnung tragen und nur unbedenkliche Pflanzen wählen. In diesem Buch ist bei jeder Pflanze angegeben, ob sie giftig ist.

Standortwahl

Wenn Sie für eine neue Pflanze schon einen bestimmten Standort im Visier haben, schreiben Sie auf, welche Bedingungen dort herrschen. Das Etikett sollte Aufschluss darüber geben, ob die Pflanze dafür geeignet ist. Ein sonniger Platz etwa ist nicht unbedingt ideal für Farne, ein schattiger nichts für Kakteen.

Gesundheitscheck

Prüfen Sie, ob die anvisierte Pflanze gesund ist. Bevorzugen Sie ältere Exemplare. Wenn die Wurzeln schon aus dem Topf wachsen, ist der Ballen zu stark verdichtet. Die Finger

Knospende Schönheiten
Kaufen Sie Pflanzen im Knospenstadium. Dann haben sie noch reichlich Energie, um zu Hause sofort zu blühen.

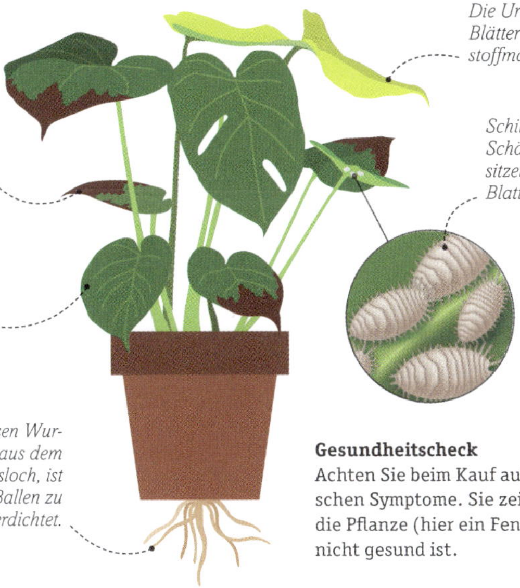

Blätter mit braunen Spitzen und Rändern deuten auf niedrige Luftfeuchtigkeit und schlechtes Wässern hin.
Die Ursache für gelbe Blätter kann Nährstoffmangel sein.
Schildläuse sind Schädlinge und sitzen auf der Blattunterseite.
Herzförmige Blätter ohne Einschnitte sind Anzeichen für einen schlechten Allgemeinzustand.
Wachsen Wurzeln aus dem Abzugsloch, ist der Ballen zu stark verdichtet.

Gesundheitscheck
Achten Sie beim Kauf auf diese typischen Symptome. Sie zeigen, dass die Pflanze (hier ein Fensterblatt) nicht gesund ist.

lassen sollte man von Pflanzen mit toten, kranken oder verletzten Trieben und Blättern.

Mit Knospen kaufen

Pflanzen kauft man am besten, während sie knospen. Dann öffnen sich die Blüten, kaum dass Sie zu Hause sind.

Topfgucker

Pflanzgefäße brauchen Abzugslöcher, aus denen überschüssiges Wasser ablaufen kann. Ansonsten muss man umtopfen, damit die Wurzeln nicht im Wasser stehen. Auch der Übertopf oder Untersetzer darf nicht voll Wasser sein *(siehe rechts)*.

Fragen stellen

Sprechen Sie mit dem Fachpersonal im Geschäft und fragen Sie es um Rat. So bekommen Sie wertvolle Tipps zu Ihrer neuen Pflanze und erfahren, wie sie am besten gepflegt wird.

»Lassen Sie die Finger von **Pflanzen** mit toten, kranken oder verletzten Trieben.«

Vorsicht Fäule
Heben Sie die Pflanze hoch. Wenn aus dem Topf kontinuierlich Wasser tropft, stand sie vielleicht zu lange im Nassen, sodass die Wurzeln faulen.

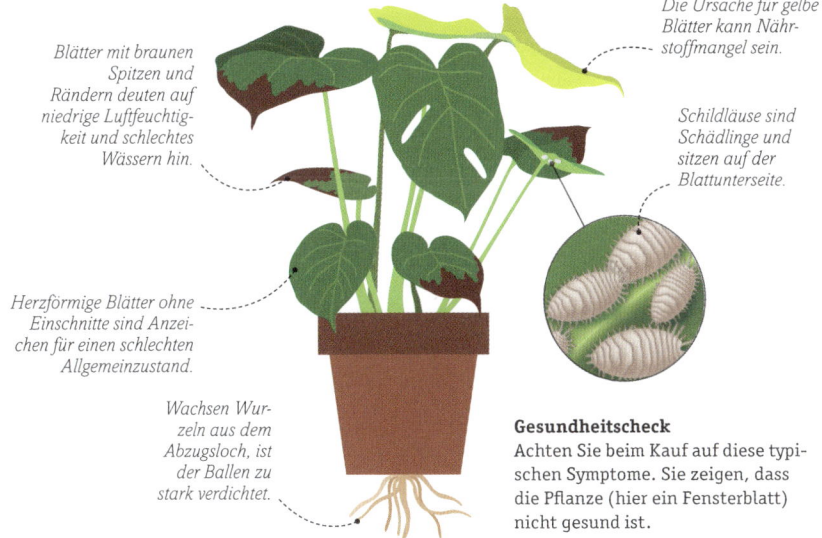

ZUR STANDORTWAHL

Über Gedeih und Verderb einer Zimmerpflanze entscheidet vor allem der Standort. Ein und derselbe Platz kann für die eine Pflanze ideal sein, aber für die andere das Todesurteil bedeuten. Dabei geht es nicht allein um Licht und Wärme. Mehrere Faktoren spielen eine Rolle.

Luftfeuchtigkeit
Ist die Luft um die Pflanze trockener als in den Zellen, kann sie Feuchtigkeit über die Blattporen verlieren. Deshalb bietet sich ein Badezimmer oft als idealer Standort für Arten an, die viel Luftfeuchtigkeit mögen.

Luftzug
Pflanzen vertragen keine ständigen Temperaturwechsel. Zugige Plätze können sie stressen und ihnen im Winter sogar den Garaus machen.

Problematische Standorte An pflanzenfeindlichen Standorten, etwa dunklen, sehr feuchten oder extrem trockenen Ecken, überleben nur robuste Asketen wie das Große Fensterblatt.

Luftzirkulation Ein guter Luftaustausch kühlt hoch positionierte Pflanzen und verhindert, dass sie austrocknen. Zudem senkt er das Fäulnis- und Krankheitsrisiko.

Wärme Die Hitze von Heizkörpern kann Pflanzen dehydrieren und versengen. Auch Temperaturschwankungen tun ihnen nicht gut. Für heiße Standorte wählt man daher Asketen wie Kakteen und Sukkulenten.

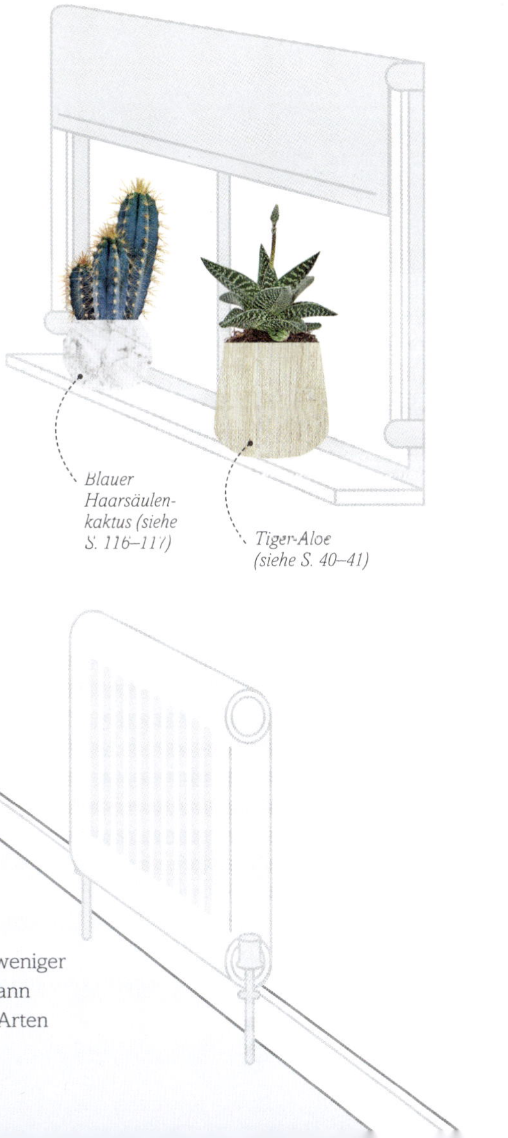

Licht Als Faustregel gilt: Je dunkler das Laub, desto weniger Licht braucht eine Pflanze, da ihr Chlorophyllgehalt dann höher ist und sie Licht besser verwertet. Die meisten Arten aber bevorzugen helle Standorte ohne direkte Sonne.

ZIMMERPFLANZEN KULTIVIEREN

Die erfolgreiche Kultur von Zimmerpflanzen setzt eine Mischung aus Fingerspitzengefühl, Wissen und Glück voraus. Ich kann mit Pflegetipps meinen Teil zum zweiten Punkt beisteuern. Sobald Sie etwas Erfahrung haben, steht einer grünen Zimmeroase nichts mehr im Weg.

Wässern

Die meisten Pflanzen werden durch zu viel Fürsorge gekillt – also durch zu starkes Gießen und anschließendes Stehenlassen im Wasser. Wässern Sie entweder wenig und oft, oder stellen Sie die Pflanze ungefähr 20 Minuten ins Wasser und lassen Sie sie anschließend abtropfen, bevor Sie

Die Blätter einer gesunden, ausreichend gewässerten Pflanze sind saftig und haben eine gute Farbe.
Wurzeln brauchen regelmäßig, aber nicht ununterbrochen Feuchtigkeit.
Stellen Sie die Pflanze mit dem Ballen ins Wasser und lassen Sie ihn anschließend abtropfen.

Gut getränkt

Stellen Sie Zimmerpflanzen 20 Minuten lang ins Wasser. So bekommen sie genug Feuchtigkeit, stehen aber nicht so lange darin, dass die Wurzeln faulen.

Vorkehrungen für den Urlaub
Legen Sie die Bade- oder Duschwanne mit nassen Tüchern aus und stellen Sie die Pflanzen darauf. So werden sie versorgt, bis Sie zurück sind.

sie wieder an ihren angestammten Platz zurückstellen.

Wässern Sie nach Möglichkeit mit Regen- statt Leitungswasser, denn Letzteres kann Chlor enthalten oder zu hart sein, worauf manche Pflanzen empfindlich reagieren. Zudem können sich Mineralien auf dem Laub oder im Substrat anreichern – die Folge sind braune oder welke Stellen und zu langsames Wachstum. Um eine umweltfreundliche Wasserquelle zu bekommen, fangen Sie Regenwasser in einer Tonne auf.

Regelmäßiges Wässern ist vor allem im Sommer wichtig. Wenn Sie in Urlaub fahren, verschließen Sie den Ablauf Ihrer Bade- oder Duschwanne, legen alte Tücher hinein und lassen Wasser einlaufen, bis die Tücher vollgesogen sind. Dann stellen Sie die Pflanzen darauf. So sind sie mit Feuchtigkeit versorgt, bis Sie zurück sind.

»Stellt man sie eng zusammen, erzeugen sie ihr eigenes **Mikroklima** und profitieren so voneinander.«

Düngen

Versorgen Sie Zimmerpflanzen im Frühjahr und Sommer bedarfsgerecht mit speziellem Flüssig- oder Langzeitdünger. Von Spätherbst bis zum zeitigen Frühjahr wird weniger gewässert und nicht gedüngt.

Luftfeuchtigkeit

Viele Zimmerpflanzen bevorzugen hohe Luftfeuchtigkeit, vor allem wenn sie aus tropischen Gefilden stammen. Ihnen kann man es ganz einfach recht machen, indem man sie regelmäßig besprüht. Leichter und konstanter für wassergesättigte Luft sorgt man mit einer kies- und wassergefüllten Schale, auf die man die Pflanzen stellt. So steht der Topf nicht direkt im Wasser, doch die Flüssigkeit verdunstet allmählich und erzeugt so eine luftfeuchte Umgebung.

Pflanzen, die viel Luftfeuchtigkeit bevorzugen, fühlen sich oft in Gruppen wohler. Der Grund: Sie alle geben durch Transpiration Wasser in die Umgebungsluft ab. Stellt man sie eng zusammen, erzeugen sie ihr eigenes Mikroklima und profitieren so voneinander.

Gießwasser mit Flüssigdünger

Säubern und absuchen

Halten Sie Pflanzen staubfrei, damit ihre Poren nicht verstopfen und sie besser atmen können. Außerdem bekommt das Laub dadurch mehr Licht, das es für die Fotosynthese braucht. Gereinigt wird es, indem man jedes Blatt mit der Hand hält und mit einem feuchten Tuch oder Küchenpapier sowie lauwarmem Wasser abwischt. Gelegentlich hilft ein Spritzer Zitronensaft im Wasser, Ablagerungen zu entfernen.

Sauber halten
Wischen Sie mit einem feuchten Tuch den Staub vom Laub. So kann die Pflanze besser atmen.

Suchen Sie Triebe und Laub regelmäßig nach Schädlingen ab. Besonders wichtig ist der Blick auf die Unterseite der Blätter. Sollten sich auf den Pflanzen unerwünschte Tierchen festgesetzt haben, behandelt man sie mit einem handelsüblichen Präparat oder entfernt kranke und befallene Stellen.

Umtopfen

Zimmerpflanzen müssen ab und an umgetopft werden, wenn der Ballen zu stark verdichtet ist. Man erkennt das daran, dass Wurzeln aus dem Abzugsloch wachsen oder indem Sie einen Finger in das Substrat stecken. Auch wenn die Wurzeln an der Außenseite des Ballens kreisförmig wachsen, wird es Zeit zum Umtopfen. Der ideale Zeitpunkt für einen Umzug in einen größeren Topf ist das Frühjahr.

Frauenhaarfarne brauchen viel Luftfeuchtigkeit und indirektes Licht (siehe S. 34–35).

Am rechten Platz
Feuchtigkeitsliebende Pflanzen werden auf eine Schale mit nassen Kieseln gestellt.

UMTOPFEN – LEICHT GEMACHT

Sie brauchen ein Pflanzgefäß, das mindestens zwei Größen größer ist als das alte, in dem sich die Pflanze befindet. Der neue Topf muss ausreichend Abzugslöcher haben, damit die Wurzeln nicht im Wasser stehen. Und so wird umgetopft:

Wurzeln einweichen

Eine Lage feiner Kies dient als Dränageschicht.

1 Die Pflanze am Tag vor dem Umtopfen ordentlich wässern, damit sie sich wohler fühlt und leichter umsiedeln lässt.

2 In den neuen Topf als Dränage eine Schicht Kies streuen. Darauf Substrat geben, aber Platz für den Ballen lassen.

Wurzeln lockern, damit sie besser einwachsen

Die Wurzeln dringen bald in das frische Substrat vor.

3 Pflanze durch leichtes Klopfen auf den Topfboden oder Zusammendrücken der Seiten aus dem Gefäß holen. Wurzeln vor dem Einpflanzen in den neuen Topf lockern.

4 Um den Ballen herum frisches Substrat in den neuen Topf geben. Substrat festdrücken, bis der Ballen gut festsitzt. Dann reichlich wässern und setzen lassen.

Die schönsten Zimmer- pflanzen

FRAUENHAAR-FARN

Adiantum raddianum

Das feingliedrige Laub dieses Farns hat eine einzigartig beruhigende Wirkung. Seine schön strukturierten Fächer scheinen über der Pflanze zu schweben und wiegen sich beim leisesten Lufthauch. Alles an diesem Farn ist zart und elegant.

»Das Wiegen meines Laubs **hat beruhigende Wirkung**«

Ich bringe dich zum Lächeln

An meinem zarten, hellgrünen Laub kann man sich kaum sattsehen, denn es erfrischt den Geist und ruft Erinnerungen an Wälder und die Natur wach. Bläst du an meine Wedel, bringt dich ihre wiegende Bewegung zum Lächeln.

Lerne mich kennen

»Frauenhaarfarn« werde ich genannt, weil mein wallendes Laub angeblich an das Haar der Göttin Venus erinnert. *Adiantum* ist vom Griechischen abgeleitet und bedeutet »unbenetzt«, da meine Blätter wasserabweisend sind.

Hilf mir zu gedeihen

STANDORT
An einen hellen Platz ohne direkte Sonne stellen. Mag hohe Luftfeuchtigkeit. Ideal sind Temperaturen zwischen 15 und 25 °C.

UMTOPFEN
Gut durchlässige Universalerde verwenden. Etwa alle 2 Jahre im Frühjahr in einen um eine Nummer größeren Topf umsetzen.

WUCHS
Kann schon als Jungpflanze 45–60 cm hoch werden, erreicht aber seine endgültige Breite von rund 80 cm nur langsam.

PFLEGE
Substrat konstant feucht halten. Meist schädlingsfrei, aber anfällig für Schildläuse; früh eingreifen und Läuse mit warmem Wasser abwaschen.

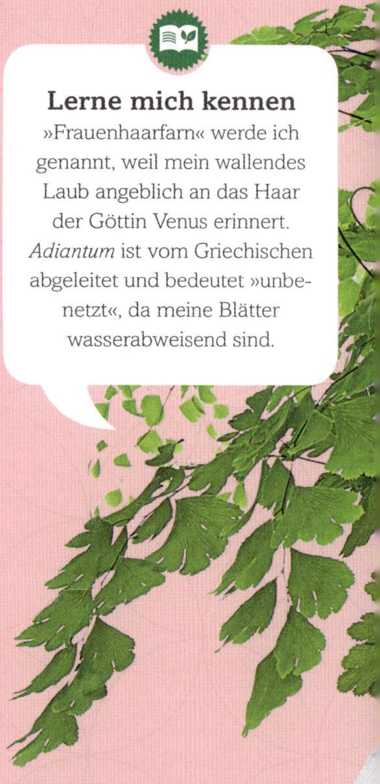

Ich beruhige dich

Ich mag hohe Luftfeuchtigkeit und bin dein bester Badezimmerfreund, denn beim Anblick meines frischen Grüns entspannst du dich bei einem beruhigenden Bad gleich noch mehr. Und wenn du duschst, verwöhnst du mich mit der dampfgeschwängerten Luft.

Rette mich

Ich mag es feucht, doch sollte ich einmal austrocknen und kränkeln, mach dir keine Sorgen – du kriegst mich schon wieder hin. Schneide einfach mein vertrocknetes Laub ab, stelle mich auf eine Fensterbank mit indirektem Licht und halte mein Substrat feucht.

Kümmere dich um mich

Wenn ich nicht in einem feuchten Bad oder einer dampfigen Küche stehe, versuche die Luftfeuchtigkeit zu erhöhen, indem du mich häufig besprühst oder auf eine Schale mit nassen Kieseln stellst, aus der das Wasser verdunstet.

LANZEN-ROSETTE

Aechmea fasciata

Nur wenige Zimmerpflanzen haben eine so spektakuläre Blüte zu bieten wie die Lanzenrosette. Ihr tropisches Laub mit silbrigem Reif dient dem Blütenschaft mit den Scheidenblättern und Blüten als »Vase«. Die Blüten halten bis zu sechs Monate lang.

> »Eine **Tropenschönheit** mit Luftreinigungseffekt«

Hilf mir zu gedeihen

STANDORT
Mag es warm und hell, aber ohne direkte Sonne. Ideal sind 18–25 °C. Braucht mindestens 25 °C, um zu blühen.

UMTOPFEN
Keine übergroßen Töpfe verwenden, da der Ballen sonst zu lang nass bleibt und die Wurzeln faulen können. Ideal ist stark durchlässiges Orchideensubstrat.

WUCHS
Ab dem Junpflanzenstadium dauert es mindestens 2–3 Jahre, bis die maximale Größe von 45 cm Höhe und 60 cm Breite erreicht ist.

PFLEGE
Blattrosette in der Mitte mit Regenwasser oder destilliertem Wasser gefüllt halten. Auch das Substrat wässern, wenn es sich trocken anfühlt.

Ich reinige deine Luft

Als Bromelie unterscheide ich mich insofern von anderen Zimmerpflanzen, da ich am Tag Sauerstoff abgebe und nachts Schadstoffe aus der Luft filtere. Werde ich mit normalen Blattschmuckpflanzen kombiniert, filtern wir die Luft rund um die Uhr.

Vermehre mich

Ich bin ein Beispiel für den ewigen Kreislauf des Lebens, denn nach der Blüte sterbe ich. Davor bilde ich aber noch Ableger am Ansatz. Wenn ich abgestorben bin, kannst du meinen Nachwuchs mitsamt seinen Wurzeln eintopfen.

Spezialbehandlung

Wässere meinen Trichter am besten mit destilliertem oder Regenwasser. Damit das Wasser nicht zu lange darin steht, ersetzt du es alle 4 Wochen. Besprühe meine Blätter und Wurzeln im Sommer monatlich, im Winter alle zwei Monate mit Dünger in halber Dosierung.

So fühle ich mich bei dir wohl

Ich bin eine Epiphytin, wachse in freier Natur also auf anderen Pflanzen oder Steinen. Deshalb sammle ich Regenwasser in meinem Trichter. Du kannst diese Bedingungen zu Hause nachahmen, indem du meinen Wurzelballen in Moos packst und mich in den Spalt eines Stücks Treibholz setzt.

Pass auf, dass ich nicht umfalle

Als kopflastige Pflanze sitze ich am besten in einem schweren Tontopf. Ich muss zwar nicht geschnitten werden, doch du kannst gelbe oder vertrocknete Blätter entfernen und die übrigen mit einer Dusche entstauben.

VORSICHT:
Die Stacheln an den Blättern können Hautreizungen verursachen.

ECHTE ALOE

Aloe vera

Seit Tausenden von Jahren heilt die Aloe Kranke und sorgt dafür, dass Alte sich wieder jung fühlen. Selbst Kleopatra soll sie bei der täglichen Hautpflege verwendet haben. Noch heute ist sie Bestandteil der Gesundheits- und Beauty-Industrie. Doch auch als Zimmerpflanze mit architektonischem Wuchs brilliert sie.

»Ich bin lebendige **Medizin**, die Pflanze der Unsterblichkeit«

Ich reinige die Luft

Ich kann Ohren-, Nasen- und Rachenreizungen lindern, da ich Formaldehyd, das von Haushaltsreinigern und Seifenprodukten abgegeben wird, aus der Luft herausfiltere.

Hilf mir zu gedeihen

STANDORT
Ist mit direkter Sonne genauso zufrieden wie mit indirekter. Ideal: Temperaturen zwischen 20 und 25 °C, aber niemals weniger als 10 °C.

UMTOPFEN
Durchlässige Erde mit Sand- oder Kiesanteil. Umgetopft wird, wenn sich zu viele Ableger bilden. Diese kann man auch abtrennen und eintopfen.

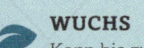

WUCHS
Kann bis zu 60 cm hoch werden. Vermehrt sich über Ableger, doch kann man die Ausbreitung mithilfe eines kleinen Pflanzgefäßes begrenzen.

PFLEGE
Im Frühjahr und Sommer alle 3 Wochen wässern, damit das Laub fleischig bleibt, dazwischen Erde trocknen lassen. Im Winter monatlich gießen.

Vermehre mich

Wenn es mir gut geht, bilde ich am Ansatz Kindel. Die kannst du Freunden und Verwandten schenken. Du brauchst sie nur von der Pflanze abtrennen, sobald sie etwa 7 cm hoch sind, und in stark durchlässiges Substrat setzen.

Behandle mich gut

Nimm mir nicht zu viele Blätter auf einmal für deine Hautpflege weg, damit ich noch genug Kraft habe, neue auszutreiben. Achte auf nasse, weiche Flecken auf meinem Laub – sie zeigen, dass du mich zu viel wässerst. Schließlich bin ich eine Sukkulente und speichere Wasser in meinen Blättern.

Ich pflege deine Haut

Der Saft aus meinen Blättern lindert Sonnenbrand und ist ein natürlicher Feuchtigkeitsspender. Er enthält Auxin und Gibberelline, das sind entzündungshemmende Pflanzenhormone, die gegen Narben, Dehnungsstreifen, Akne und Alterungsspuren helfen.

Gib mir Urlaub

Im Sommer darfst du mir Urlaub im Garten gewähren, solange ich dort einen warmen, sonnigen Platz bekomme. Gewöhne mich aber vorher ans Freie, indem du mich ein, zwei Wochen lang jeden Tag kurz in die pralle Sonne stellst. Wird es kühler, muss ich rechtzeitig nach drinnen.

VORSICHT: Ich bin nicht für den Verzehr geeignet, halte also Kinder und Haustiere von mir fern.

TIGER-ALOE

Aloe variegata

Das war die erste Zimmerpflanze, die ich mir gekauft habe – ich war damals zehn Jahre alt. Mit ihrem markanten, strahlenförmigen Laub und der gebänderten Zeichnung kam sie mir vor wie ein Wesen vom anderen Stern und erinnerte mich an die Titelsequenzen von *Doctor Who*. Du wirst mit der pflegeleichten Sukkulente so viel Spaß haben wie ich seinerzeit!

Ich muntere dich auf
Zufriedenheit entsteht aus Leistung und Erfolg – und wenn man mich kultiviert, ist Erfolg fast garantiert. Denn ich gehöre zu den unkompliziertesten Pflanzen. Meine wasserspeichernden Blätter haben einen wächsernen Überzug, der mich Trockenheit überstehen lässt.

{ »Ich brauche **wenig Pflege** und bin daher ideal für Einsteiger« }

Hilf mir zu gedeihen

STANDORT
Am besten volle Sonne oder sehr helles indirektes Licht. Ist mit trockenen Plätzen zufrieden, sofern die Temperatur nicht unter 10 °C sinkt.

UMTOPFEN
Mag durchlässiges Substrat, aber normale Topferde reicht auch, solange nicht zu stark gewässert wird. Alle 2 Jahre umtopfen.

WUCHS
Wird etwa 20 cm hoch. Vermehrt sich durch Ausläufer (»Kindel«), die abgenommen und eingetopft werden können (*siehe* Teile mich).

PFLEGE
Das Substrat sollte nicht zu lange feucht sein. Vor dem Wässern austrocknen lassen, dann leicht anfeuchten. Im Winter weniger wässern.

Freu dich auf meine Blüten

Meine lachsrosa Frühjahrsblüten sind nicht nur schön anzusehen, sie erfreuen dich auch mit ihrem dezenten süßen Duft.

Lerne mich kennen

Ich stamme aus Namibia und Südafrika und habe viele Namen. Wegen meiner Zeichnung nennt man mich Tiger-Aloe, gelegentlich auch Papageien-Aloe. In Südafrika heiße ich *kanniedood*, zu Deutsch »kann nicht sterben«.

Meine Blüten sind schmal-röhrenförmig und rosa.

Teile mich

Wenn sich an meinem Ansatz Ableger bilden, kannst du sie abreißen und eintopfen, sobald sie 7–10 cm lang sind. Denn als ausgesprochen pflegeleichte Pflanze bin ich das ideale Geschenk für Freunde und Verwandte.

Ich mag es trocken

Ich stamme aus einer trockenen Region und stehe nicht gern in nasser Erde. In meinem Übertopf darf sich deshalb kein Wasser sammeln, das meine Wurzeln faulen lässt. Vernachlässigung ist mir lieber als zu viel Zuwendung.

VORSICHT: Ich bin bei Verzehr leicht giftig. Halte deshalb Kinder und Haustiere von mir fern.

FLAMINGO-BLUME

Anthurium andraeanum

Die Flamingoblume ist gerade groß in Mode. Ihre herzförmigen, glänzenden Blätter verbreiten Exotik und Tropenflair. Dabei ist sie auch überaus nützlich, verbessert sie doch die Luftqualität.

{ »Ich begeistere **ganzjährig** mit **exotischen** Blüten« }

Hilf mir zu gedeihen

STANDORT
Braucht viel indirektes Licht und Zimmertemperatur. Sollte nicht kühler als 15 °C stehen. Für hohe Luftfeuchtigkeit regelmäßig besprühen.

UMTOPFEN
Etwa alle 2 Jahre umtopfen, wenn die Wurzeln durch das Abzugsloch wachsen oder der Ballen stark verdichtet ist. Blumenerde verwenden.

WUCHS
Wird etwa 50 cm hoch und 30 cm breit. Die leuchtend roten Hüllblätter bilden sich in unregelmäßigen Abständen das ganze Jahr über.

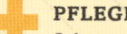

PFLEGE
Substrat durch regelmäßiges Wässern im Frühjahr und Sommer feucht halten. Alle 2–3 Wochen Flüssigdünger verabreichen.

Ich entgifte
Ich verbessere die Konzentrationsfähigkeit und verringere die Gefahr von »Brain Fog« und Kopfschmerzen, da ich Xylol aus der Luft filtere, das von Computern und Druckern freigesetzt wird.

Lerne mich kennen
Meine Blüte ist in Wirklichkeit gar keine Blüte, sondern ein Scheidenblatt, also ein modifiziertes Laubblatt. Die eigentlichen Blüten sind winzig und sitzen am gelben bzw. cremefarbenen Kolben. Das Scheidenblatt dient dem Schutz des Blütenstands.

Ich bin eine eifrige Blüherin

Ich blühe nicht nur das ganze Jahr, meine Blüten haben auch wochenlang Bestand. Mich gibt es nicht nur mit roten Hochblättern, sondern auch mit rosa, weißen, violetten, grünen und zweifarbigen.

Ich bin symbolträchtig

Der Feng-Shui-Lehre zufolge bringe ich Glück in Beziehungen. Andere meinen, meine roten, herzförmigen Hochblätter stehen für lange Liebe und Freundschaft. Damit gehöre ich zu den beliebtesten Geschenken.

VORSICHT: Ich bin bei Verzehr gesundheitsschädlich. Halte Kinder und Haustiere von mir fern. Mein Saft wirkt hautreizend.

VOGELNEST-FARN

Asplenium nidus

Der Farn verbreitet die Atmosphäre eines tropischen Dschungels. Seine frischgrünen Blätter wachsen in einer Rosette aus der Basis. Die Pflanze eignet sich bestens als Solitär, bringt aber auch Textur und Struktur in Arrangements.

Ich reinige deine Luft
Weil ich stattliche, statueske Blätter mit großer Oberfläche habe, kann ich viel Kohlendioxid aufnehmen und Sauerstoff in die Umgebungsluft abgeben. Ich bin also nicht nur schön anzusehen, sondern auch nützlich.

{ »Bade im **Zimmerwald** meines üppigen Laubs« }

Hilf mir zu gedeihen

STANDORT
Bevorzugt einen hellen Platz ohne direkte Sonne, verträgt aber etwas Morgen- und Abendsonne. Warm bei mindestens 15 °C stellen.

UMTOPFEN
Hat wenig Wurzelballen, aber viel oberirdischen Wuchs, daher einen kleinen, aber schweren Topf verwenden. Ideal: humusreiches Substrat.

WUCHS
Die Wedel werden bis zu 60 cm lang, wachsen aber langsam. Bis die Pflanze ihre endgültige Höhe erreicht, können 4–8 Jahre vergehen.

PFLEGE
Mag viel Luftfeuchtigkeit, daher oft besprühen und eventuell auf eine Schale mit feuchtem Moos stellen. Substrat feucht, aber nicht nass halten.

Ich beruhige dich

Mein saftiges Grün wirkt entspannend, denn es bringt die Farbe der Natur in geschlossene Räume und steht für Hoffnung sowie neues Leben. Zusätzlich beruhigend ist, dass ich unbedenklich bin, denn weder für Haustiere noch Menschen bin ich giftig.

Mach, dass ich mich zu Hause fühle

Ich bin ein Epiphyt, hole mir also Wasser und Nährstoffe aus der Luft. Deshalb eigne ich mich gut für feuchte Räume wie Bäder und Küchen.

Lerne mich kennen

Vogelnestfarn heiße ich, weil die offene Rosette meiner Blätter ein bisschen wie ein Nest aussieht. An der Unterseite meines Laubs sitzen Sporen. Man erkennt sie als braune Linien, die horizontal zur Mittelrippe hin verlaufen.

Behandle mich gut

Meine Blätter reagieren empfindlich auf Chemikalien, weshalb du kein Blattglanzspray verwenden solltest. Wische mein Laub lieber mit einem feuchten Tuch ab.

KÖNIGS-BEGONIE

Begonia rex (Sorten)

Mit Worten allein lässt sich das Zusammenspiel der ineinanderfließenden Farben in der facettenreichen Blattzeichnung nicht beschreiben. Fast könnte man meinen, das Laub wurde von einem Künstler von Hand bemalt. Aber es ist alles das Werk der Natur, die mit jedem Blatt ein neues Meisterstück erschafft.

Ich hebe deine Stimmung

Meine Blattmuster sind eine Augenweide. Sie öffnen deinen Geist für die Wunder der Natur und zaubern ein Lächeln auf deine Lippen. Auch bringen meine Violett- und Rottöne Wärme in dein Heim.

»Genieße die **Schönheit** meines **Laubs**«

Hilf mir zu gedeihen

STANDORT
Warm stellen, die Temperatur sollte nicht unter 15 °C fallen. Für hohe Luftfeuchtigkeit sorgen. Mag es hell, verträgt aber keine direkte Sonne.

UMTOPFEN
Stark durchlässige Erde und ein großer, aber flacher Topf, damit sich die Wurzeln ausbreiten können. Verdichtete Ballen teilen und umtopfen.

WUCHS
Unterscheidet sich von Sorte zu Sorte sehr stark, erreicht jedoch in der Regel nach etwa 2–3 Jahren eine Höhe von ungefähr 30–50 cm.

PFLEGE
Wächst im Sommer, daher in dieser Zeit regelmäßig düngen und wässern, sodass der Ballen feucht bleibt. Im Winter trockener halten.

Meine zarten rosa Blüten sind sogar essbar.

Lerne mich kennen

Von mir gibt es vielerlei Sorten, darunter 'Escargot' mit schneckenförmig gerolltem Laub, die dunkle 'Jurassic Rex' mit gesägten Blatträndern, die ebenfalls dunkle, geheimnisvolle 'Shadow King' oder die helle, fruchtige Züchtung 'Cherry Mint'.

Ich bin anspruchsvoll

Bekomme ich zu wenig Wasser, welke ich. Lässt man mich im Wasser stehen, faule ich. Wässere mich wenig und oft. Mein Laub darf nicht lange nass bleiben. Destilliertes oder Regenwasser ist mir am liebsten.

Probiere meine Blüten

Meine zarten Blüten sind klein, rosa – und essbar. Sie haben einen frischen Zitrus- und Pfeffergeschmack. Das liegt an der Oxalsäure in den Blütenblättern. Nasche aber nicht zu viel, denn Oxalsäure ist in großen Mengen gesundheitsschädlich.

Vermehre mich

Mich zu vermehren ist kinderleicht. Schneide ein Blatt ab, durchtrenne einige Adern mit einem scharfen Messer, lege mich flach auf feuchte Erde und beschwere mich mit einem Stein, damit ich festen Kontakt mit der Erde habe. Bald bilden sich Pflänzchen.

VORSICHT: Ich bin bei Verzehr gesundheitsschädlich. Kinder und Haustiere sollten nicht von mir naschen.

ZEBRA-KORBMARANTE

Calathea zebrina

Die tropische Schönheit aus den Regenwäldern Brasiliens beschäftigt den Geist ebenso wie die Sinne. Ihre lind- und smaragdgrünen Blätter fühlen sich angenehm an. Das Besondere an ihnen aber ist, dass sie sich nachts schließen und morgens wieder öffnen.

{ »Mein **faszinierendes** **Laub** reinigt die **Luft**« }

Hilf mir zu gedeihen

STANDORT
An einen warmen Platz nicht unter 15 °C stellen und Zugluft vermeiden. Mag viel Luftfeuchtigkeit und Helligkeit, aber keine direkte Sonne.

UMTOPFEN
Alle 1–2 Jahre im Frühjahr umtopfen, da sie keinen beengten Wurzelraum verträgt. Verträgt sowohl lehmige als auch lehmfreie Blumenerde.

WUCHS
Wächst recht schnell und kann in relativ kurzer Zeit bis zu 1 m hoch werden. Erreicht mit der Zeit außerdem eine Breite von über 60 cm.

PFLEGE
Ballen durch häufiges Wässern feucht halten. Im Winter nicht mehr so viel gießen. Während der Saison monatlich düngen.

Ich reinige deine Luft
Dank meiner großen Blattoberfläche bin ich ein hervorragender Luftreiniger. Ich filtere Kohlendioxid aus der Atemluft und reichere sie mit Sauerstoff an. Wegen meines auffallenden Laubs bin ich der Liebling von Innenarchitekten.

Behandle mich gut
Ich mag keine schnellen Temperaturwechsel. Achte daher darauf, dass ich nicht im Zug stehe, vor allem im Winter. Die Nähe von offenen Kaminen und Heizkörpern tut mir ebenfalls nicht gut – auch, weil sie die Luft austrocknen.

Berühre mich

Meine Blätter fühlen sich samtig an, da sie eine Wachsschicht haben und fein behaart sind. Deshalb lade ich förmlich dazu ein, mich zu berühren. Außerdem gebe ich Räumen Höhe, denn meine eiförmigen Blätter haben lange Stiele.

Lerne mich kennen

Ich bin als »lebende« Pflanze bekannt, da ich meine Blätter nachts schließe und am Morgen wieder öffne. Ein kleines Gelenk zwischen Blatt und Stiel macht es möglich, dass sie auf Licht reagieren. Dabei hört man sogar ein zartes Rascheln.

Mach es mir behaglich

Manchmal bekomme ich Heimweh nach meiner brasilianischen Heimat. Stelle mich daher in eine mit Wasser gefüllte Schale auf Kiesel, um die Luft um mich herum anzufeuchten. Auch solltest du mich gelegentlich lauwarm abduschen – das erfrischt, wässert und wäscht meine Blätter.

PFLANZEN, UM RUHE ZU FINDEN

Inzwischen ist erwiesen: Pflanzen können das Stresshormon Cortisol senken. Grün- und Weißtöne beruhigen uns und machen unsere Wohnungen als natürliche Elemente optisch weicher. Doch auch das Sehen, Riechen und Anfassen von Pflanzen tut gut und entspannt.

Dendrobium (Orchideen) ▾

Dendrobium

Diese aufrecht wachsenden Schönheiten sind von oben bis unten mit Blüten besetzt. Manche Arten der Gattung *Dendrobium* öffnen beruhigend reinweiße Blüten, die stresslindernd wirken und mit ihrem Duft erfrischen und beleben. Zudem reinigen sie die Luft, wodurch die Wohnung gleich frischer und sauberer wirkt. So sorgen sie dafür, dass Sie Ihren Tag mit Schwung und Begeisterung in Angriff nehmen können. *Siehe S. 66–67*

Echte Aloe ▸

Aloe vera

Sie ist nicht nur eine interessante Strukturpflanze für Ihr Interieur, ihre fleischigen, spitzen Blätter lassen sich auch als Hautpflegemittel nutzen, mit dem Sie sich etwas Gutes tun. Verwenden Sie den feuchtigkeitsspendenden Saft zum Kräftigen, Beruhigen und Kühlen der Haut, während Ihr Geist entspannt. So kommt Ihr ganzer Körper in den Genuss wohltuender Natur. *Siehe S. 38–39*

Der zarte Farn raschelt flüsternd im Wind.

Scheidenblatt ▾

Spathiphyllum 'Mauna Loa'

Seine reinweiße Blütenscheide verbreitet eine Aura der Harmonie und Gelassenheit. Sie schützt die eigentliche Blüte und setzt einen schönen Kontrapunkt zu dem glänzenden grünen Laub. In Wohnungen trägt die Pflanze dazu bei, Stress und Anspannung zu lindern. *Siehe S. 126–127*

Die Blütenscheide wirkt beruhigend.

Frauenhaarfarn ▴

Adiantum raddianum

Das weiche, Ruhe ausstrahlende Laub dieses Farns flattert im Wind wie die Flügel eines Schmetterlings. Wenn sich die hellgrünen Wedel in einer Blumenampel raschelnd über einem wiegen, findet man sogleich inneren Frieden. *Siehe S. 34–35*

Der leicht überhängende Wuchs der Birken-Feige wirkt besänftigend.

◂ Birken-Feige

Ficus benjamina

Ihre leicht nach unten gebogenen Zweige wirken fast wie ein in der Bewegung eingefrorener Wasserfall. Durch ihr baumartiges Aussehen verbreitet diese Feigenart Waldatmosphäre, die beruhigt und uns der Natur näherbringt. Das grüne Laub vermittelt Beschaulichkeit und Sicherheit, was sich wohltuend auf die Psyche auswirkt.
Siehe S. 82–83

LEUCHTERBLUME

Ceropegia linearis subsp. *woodii*

Du wirst dich unweigerlich in dieses kleine Pflänzchen mit herzförmigen Babyblättern verlieben. Sein silbrig bereiftes Laub sitzt an langen, hängenden Trieben, weshalb es so beruhigend wirkt wie ein sanfter Wasserfall. Da die Leuchterblume zudem pflegeleicht ist, sind anregende Erfolgserlebnisse garantiert.

> »Ich bin ein **lebendes Mobile** aus Laubkaskaden«

Ich hebe deine Stimmung

Ich bin meiner romantisch herzförmigen Blätter wegen begehrt und eigne mich besonders gut als Geschenk, das Freude macht und immer wieder gern an die Schenkenden erinnert.

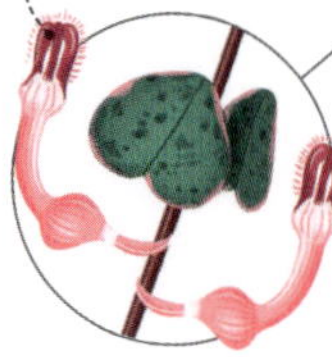

Meine ungewöhnlichen Blüten locken Insekten an.

Hilf mir zu gedeihen

STANDORT
Verträgt verschiedene Lichtverhältnisse, ideal ist aber ein heller Standort mit etwas Morgen- oder Abendsonne. Mindesttemperatur 10 °C.

UMTOPFEN
Braucht stark durchlässiges Substrat (sogar Kakteenerde eignet sich). Nicht in großen Töpfen kultivieren, da die Pflanze es beengt mag.

WUCHS
Kann schnell wachsen und macht nach 3–5 Jahren mit bis zu 1 m langen Trieben viel her. Nur schneiden, wenn sie zu groß oder struppig wird.

PFLEGE
Während der Vegetationsphase erst gießen, wenn das Substrat trocken ist – nie überwässern. Staunässe vermeiden und im Winter trockener halten.

Verwöhne mich

Ich gedeihe am besten, wenn es eng wird. Topfe mich also erst um, wenn im Gefäß gar kein Platz mehr ist. Ansonsten bevorzuge ich stickstoffarmen Dünger, der meine Nährstoffspeicher auffüllt. Ich muss auch gar nicht jedes Jahr umgetopft werden und bin deshalb die ideale Pflanze für Einsteiger.

Gib mir eine Bühne

Ich habe bis zu 2 m lange Triebe und eigne mich daher bestens für hohe Regale in einer Ecke oder für Blumenampeln, in denen ich mich sehr effektvoll in Szene setzen kann.

Genieße meine Blüten

Meine Hauptattraktion sind zwar die Blätter, doch habe ich auch ungewöhnliche weißrosa Blüten zu bieten. Sie sitzen an meinen langen Trieben und können zylindrische Früchte reifen lassen.

Vermehre mich

Du kannst Stecklinge von mir nehmen. Dazu schneidest du einen Trieb ab und stellst ihn in ein Wasserglas. Sobald er Wurzeln gebildet hat, kannst du ihn in seinen eigenen Topf einpflanzen.

BERGPALME

Chamaedorea elegans

Schon im 19. Jahrhundert machte die Bergpalme eine steile Karriere als modische Zimmerpflanze. Mit ihrem exotischen Aussehen verschönerte sie Salons in ganz Europa. Dank ihrer überhängenden, einfach gefiederten Wedel mit Mittelrippe gehört sie bis heute zu den beliebtesten Zimmerpalmen überhaupt.

»Ich bin **robust** und filtere **Ammoniak** aus der Luft«

Ich entgifte die Luft

Ich kann Atemwegsreizungen verhindern, die von Ammoniak in der Luft verursacht werden. Meine Blätter absorbieren dieses giftige Gas, das im Haushalt von manchen Badreinigern und Möbelputzmitteln freigesetzt wird.

Hilf mir zu gedeihen

STANDORT
Ein Platz mit weichem, indirektem Licht und einer normalen Zimmertemperatur von 18 °C, wie sie in den meisten Haushalten üblich ist.

WUCHS
Wächst langsam, kann aber nach einigen Jahren die endgültige Dimension als Zimmerpflanze (1 m Höhe und 50 cm Breite) erreichen.

UMTOPFEN
Jedes 2. Jahr in einen neuen Topf umpflanzen, der 2–5 cm breiter ist als der alte. Normale Blumen- bzw. Universalerde verwenden.

PFLEGE
Im Sommer gut wässern, aber dazwischen Substrat austrocknen lassen. Im Winter weniger gießen. Monatlich Flüssigvolldünger verabreichen.

Ich habe ein Geheimnis

Wenn ich gut behandelt werde und viel Licht bekomme, bilde ich Unmengen kleiner goldgelber, kugeliger Blüten an vielen Stängeln.

Wenn ich älter werde, öffne ich zahlreiche gelbe Blüten.

Ich bin symbolträchtig

Mein botanischer Gattungsname, *Chamaedorea*, bedeutet »Geschenk des Bodens« (von *chamai*, »am Boden«, und *dorea*, »Geschenk«). Das passt, denn man sagt, ich stehe für den Überfluss der Natur.

Ich mag es nicht nass

Wässere mich lieber zu wenig als zu viel, denn Vernachlässigung vertrage ich, nasse Füße dagegen nicht. Stecke den Finger in mein Substrat: Ist es trocken, weichst du mich gut ein. Gieße aber danach überschüssiges Wasser ab.

Lerne mich kennen

Ich mag wie eine einzige Pflanze aussehen, bestehe aber in Wirklichkeit aus vielen kleinen Pflanzen, die sich zu einem buschigen Horst zusammentun. Das heißt aber auch, dass sie miteinander um Nährstoffe konkurrieren. Wenn du mich umtopfst, kannst du mich teilen, ich wirke dann aber nicht mehr so dicht.

GRÜNLILIE

Chlorophytum comosum

Diese Pflanze gehört zu den großen Überlebenskünstlern der Zimmerpflanzenwelt. Sie verträgt schwere Vernachlässigung und erholt sich problemlos wieder, wenn man sich ihrer erneut annimmt. Seit Jahrzehnten steht sie hoch im Kurs und peppt leere Fensterbänke mit ihrem hellen, übergebogenen Laub auf.

»Ich bin **kaum umzubringen** und ein hervorragender **Luftfilter**«

Ich entgifte die Luft
Ich senke das Risiko einer Aufnahme von Formaldehyd, das in etlichen Möbelpolituren, Lacken und Beizen, Klebstoffen, Baumaterialien, Reinigungsmitteln und Zigarettenrauch enthalten ist, denn ich absorbiere das Gift über meine Blätter und setze stattdessen Sauerstoff frei.

Hilf mir zu gedeihen

STANDORT
Hell, aber ohne direkte Sonne, da sie die Blätter versengen kann. Gedeiht bei 14–18 °C und konstanter Temperatur am besten.

UMTOPFEN
Sobald Wurzeln aus dem Topfballen herauszuragen beginnen, setzt man Grünlilien in ein größeres Pflanzgefäß mit Universalerde um.

WUCHS
Wächst rasch und bildet Ableger in Hülle und Fülle. Grünlilien erreichen eine Höhe von bis zu 60 cm und können 1 m breit werden.

PFLEGE
Vor dem Wässern die Oberfläche des Topfballens austrocknen lassen. Im Frühjahr und Sommer alle 1–2 Wochen Flüssigdünger geben.

Ich bin deine Arbeitskollegin

Ich komme mit künstlichem Licht zurecht und bin deshalb wie geschaffen für Büroräume. Wie Studien gezeigt haben, erhöht Grün am Arbeitsplatz die Produktivität und senkt die Stressbelastung.

Ich bin ein guter Sauerstoffspender

Den weißen Stellen meines Laubs fehlt Chlorophyll, das Pflanzen grün färbt und für die Fotosynthese benötigt wird. Ich erzeuge aber mehr Chlorophyll als andere panaschierte Pflanzen und setze daher mehr Sauerstoff frei.

Genieße meine Blätter

Mein Artepitheton, *comosum*, bedeutet »schopfartig« und bezieht sich auf den Wuchs meiner schlanken, schwertförmigen Blätter. Sie sind übrigens essbar und daher unbedenklich für Familien mit Kleinkindern und Haustieren.

Vermehre mich

Ich bilde etliche Ableger an langen Blütenständen, die meist nach unten hängen. Diese Minipflänzchen lassen sich abnehmen und können eingetopft werden, aber auch an der Pflanze bleiben, sodass sich eine interessante Wuchsform ergibt.

ZIMMER-KLIVIE

Clivia miniata

Vor 15 Jahren habe ich meinen Eltern eine Klivie geschenkt. Seither ruft mich mein Vater jedes Jahr an, um mir zu sagen, dass sie wieder blüht. Seine Begeisterung wundert mich nicht, denn Klivien tragen einige der spektakulärsten Blüten der Pflanzenwelt. Ihr kräftiges Orange scheint vor dem dunklen Smaragdgrün der Blätter förmlich zu leuchten.

»Mit meinen **Blüten** verbreite ich **gute Laune**«

Hilf mir zu gedeihen

STANDORT
Blüht, wenn sie vom Spätherbst bis zur Knospenbildung im Frühjahr in einem hellen, kühlen Wintergarten oder unbeheizten Raum steht.

UMTOPFEN
Verträgt keine Störungen, deshalb nur umtopfen, wenn der Topf viel zu eng wird, und auch dann nur in einen um eine Nummer größeren Topf.

WUCHS
Kann bis zu 45 cm hoch und 30 cm breit werden. Wächst jedoch langsam und erreicht daher erst nach 2–5 Jahren die volle Größe.

PFLEGE
Viel wässern, aber erst, wenn die Ballenoberfläche spürbar trocken ist. Im Frühjahr und Sommer wöchentlich düngen, im Winter weniger wässern.

Ich bin symbolträchtig

Da meine Blüten lange halten, bin ich zu einem Sinnbild für langes Leben geworden. Schon im 19. Jahrhundert war ich eine beliebte Zimmerpflanze, vor allem in den Palästen der letzten chinesischen Kaiser. Ich will nicht angeben, aber ich bin die Wappenblume der chinesischen Stadt Changchun.

Mach es mir gemütlich

Ich bin eine auffällig schöne Blattschmuckpflanze. Meine dunkelgrünen, riemenförmigen Blätter bleiben makellos, wenn ich in einem weder zu heißen noch zu trockenen Zimmer stehe. Sinken die Temperaturen im Winter, solltest du die Luft anfeuchten, indem du mich auf nasse Kiesel stellst.

Kümmere dich gut um mich

Dünge mich im Frühjahr und Sommer monatlich. Ich bevorzuge Regen- oder destilliertes Wasser, denn Chlor vertrage ich gar nicht. Am besten blühe ich in einem zu engen Pflanzgefäß, topfe mich deshalb höchstens alle 4 Jahre um. Ich werde kopflastig, weshalb du für mich einen schweren Topf brauchst, in dem ich stabil stehe.

Lerne mich kennen

Ich bin Südafrikanerin und wurde das erste Mal um 1850 in KwaZulu-Natal beschrieben. Meinen Namen habe ich von Lady Florentina Clive bekommen, die in Großbritannien meine erste Züchterin war. *Miniata* bedeutet »mennigfarben«, doch gibt es meine Blüten inzwischen in mehreren Farbtönen.

VORSICHT: Kinder und Haustiere sollten nicht an mir knabbern, denn ich bin gesundheitsschädlich.

KROTON

Codiaeum variegatum (Hybriden)

Kaum eine Pflanze hebt die Stimmung so zuverlässig wie diese Zimmerschönheit. Das liegt nicht nur an den kräftigen Farbkombinationen, sondern auch an der spektakulären Äderung in kontrastierenden Gelb-, Rot-, Orange-, Grün- und Violetttönen. Man könnte die Blätter eingerahmt an die Wand hängen, denn jedes Blatt ist ein Kunstwerk für sich.

»Meine **Farbshow in Technicolor** hebt die Stimmung«

Hilf mir zu gedeihen

STANDORT
An hellen Standorten mit indirektem Licht, etwa Südwest-, Südost- oder Ostfenstern, bleiben die Farben leuchtend. Mindesttemperatur 15 °C.

UMTOPFEN
In ein und denselben Topf lassen, damit die Pflanze nicht zu groß wird, oder im Frühjahr in ein etwas größeres Gefäß mit durchlässiger Erde setzen.

WUCHS
Zimmerpflanzen erreichen bis 60 cm Höhe und wachsen recht langsam verglichen mit Gewächshausexemplaren, die 2–3 m hoch werden.

PFLEGE
Erde feucht halten. Täglich besprühen und alle 2 Wochen düngen. Im Winter weniger wässern, Erde leicht feucht halten.

So fühle ich mich wohl
Am liebsten sind mir gleichbleibend warme Räume ohne Zug, denn sonst verliere ich meine Blätter. Ich kann buschig werden, deshalb brauche ich Platz zum Ausbreiten. Werde ich zu groß, kannst du mich aber schneiden.

Lerne mich kennen
Ich habe Brüder und Schwestern mit vielen Blattformen – lange wie dünne, gerollte wie korkenzieherartige. Auch die Palette unserer Farbkombination ist groß, denn wir warten mit feurigen Rottönen ebenso auf wie mit dunklem Violett. Deshalb macht es Spaß, uns zu sammeln. Wir sind einzigartig in unseren Zeichnungen und Farben und damit alle Unikate.

Bewundere mein sensationelles Laub

Meine Prachtblätter bringen schon allein durch ihre Anwesenheit Farbe in deinen Tag, denn ich bin einfach nicht zu übersehen. Manchmal verändern sie mit der Zeit sogar ihre Farbe, weshalb ich für Wandel stehe. Meinen unauffälligen weißen oder gelben Blüten stehlen sie locker die Show.

Rette mich

Wenn ich kahl und langtriebig werde, kannst du mich schneiden und so zu frischem, buschigem Wuchs animieren. Stutze mich auf 12 cm Höhe zurück und bestäube die Schnittflächen mit Kohlenstaub, damit sie nicht bluten.

VORSICHT: Mein Saft kann Hautreizungen und mein Laub Vergiftungen verursachen.

GELDBAUM

Crassula ovata, syn. C. argentea

Meine Oma hatte jahrelang einen Geldbaum – ich kannte ihn schon als Kind. Später habe ich ihn geerbt. Er begleitet mich praktisch mein Leben lang. Mit seinen Blättern sieht er tatsächlich wie ein kleiner Baum aus, obwohl er keiner ist. Seine natürliche Farbe ist dunkelgrün, doch es gibt farbenfrohere Sorten wie die hier abgebildete 'Hummel's Sunset'.

{ »Ich bringe **Glück** und verschönere dein Heim mit **saftigem Laub**« }

Hilf mir zu gedeihen

STANDORT
Gedeiht bei reichlich Licht, ist aber auch mit ein paar wenigen Sonnenstunden täglich zufrieden. Mindesttemperatur 5 °C.

UMTOPFEN
Im Frühjahr oder Sommer umtopfen, wenn die Wurzeln zu dicht wachsen. Schweren Topf verwenden, da kopflastig. Braucht durchlässige Erde.

WUCHS
Baumartige, langsam wachsende Sukkulente. Kann 1 m hoch und breit werden, doch dauert es 10–15 Jahre, bis sie ihre endgültige Größe erreicht.

PFLEGE
Monatlich düngen. Im Frühjahr und Sommer häufig wässern, sodass die Erde feucht bleibt, in den Wintermonaten aber wenig gießen.

Ich spende neue Energie

Feng-Shui-Berater empfehlen mich für das mentale Wohlbefinden, da ich das *chi* nähre, die strahlende, belebende Kraft. Wenn ich an einem Platz Richtung Osten stehe, unterstütze ich die Familienharmonie und -gesundheit. Ein westlicher Standort fördert die Kreativität.

Ich öffne im Winter rosaweiße Sternblüten.

Ich bin symbolträchtig

Man nennt mich manchmal auch Glücksbaum, da ich für Glück, Freundschaft und Wohlstand stehe. Besonders gefragt bin ich als Hochzeitsgeschenk, denn ich werde viele Jahre alt und begleite dich dein ganzes Leben lang, um dir als Glücksbringer auf deinem Weg beizustehen.

Halte Ausschau nach meinen Blüten

Unter günstigen Bedingungen setze ich im Winter weiße, sternförmige Blüten an. Sie ergänzen meine glänzenden Blätter perfekt und verströmen zudem einen zarten Duft. Aber erwarte von mir nicht, dass ich jedes Jahr blühe!

Vermehre mich

Wenn ein Blatt oder Trieb abbricht, kannst du eine neue Pflanze daraus machen. Schneide das Ende sauber ab und stelle es in Wasser, bis es einwurzelt. Dann topfst du es in durchlässige Sukkulentenerde ein.

Lerne mich kennen

Ich ähnle einem Bonsai-Baum, denn ich wachse wie ein Minigehölz mit einem dicken Stamm und kräftigen Ästen. Allerdings bin ich eine Sukkulente, speichere also in meinem Laub Wasser. Deshalb bin ich wesentlich leichter zu kultivieren als echte Bonsais.

VORSICHT: Der Geldbaum ist zwar nicht giftig, dennoch sollte man keine Pflanzenteile essen.

ERBSENPFLANZE

Curio rowleyanus syn. *Senecio rowleyanus*

Diese Sukkulente muss man einfach ins Herz schließen. Sie ist unkompliziert und begeistert mit perlschnurartigen Trieben. Mit der Zeit bildet sie eine Kaskade, die ähnlich wie rinnendes Wasser beruhigende Wirkung hat. Auch die aromatischen Blüten regen die Sinne an.

{ »Ich lasse mich **sehr gut** an liebe Mitmenschen **verschenken**« }

Hilf mir zu gedeihen

STANDORT
Hell stellen, aber nicht in die pralle Sonne. Gedeiht bei Temperaturen von 14–24 °C am besten, verträgt aber auch kurzzeitig bis zu 10 °C.

UMTOPFEN
Kakteenerde oder ein 1:1-Mix aus Kies (4 mm Körnung) und Tonsubstrat verwenden. Im März in trockene Erde setzen, nach 2 Wochen wässern.

WUCHS
Die Erbsenpflanze wächst unter optimalen Bedingungen 20–25 cm im Jahr und kann schließlich bis zu 1 m lang werden.

PFLEGE
Im Frühjahr und Sommer alle 2 Wochen, im Herbst und Winter gar nicht wässern (aber nicht vergessen, gelegentlich mit ihr zu reden!).

Lerne mich kennen

Meine grünen »Erbsen« sind ungewöhnliche Blätter. Ihre Form verringert die Verdunstung von Wasser, was in der Wüste die Überlebenschancen erhöht. Jedes Blatt hat einen transparenten Spalt, der wie ein Fenster Licht hineinlässt und die Fotosynthese unterstützt.

Behandle mich gut

Mit einem Kaliflüssigdünger 2- bis 3-mal im Jahr gibst du mir neue Energie. Alte, verschrumpelte Blätter solltest du abzupfen. Damit ich weiter gut aussehe und nicht zu groß werde, kannst du meine Triebe im Frühjahr zurückschneiden.

Ich rege deine Sinne an

Mit der richtigen Pflege werde ich im Sommer, wenn ich viele weiße Blüten mit angenehm würzigem Duft öffne, zur Aromatherapeutin. So helle ich deine Stimmung wirkungsvoll auf.

Rette mich

Pass auf, dass meine Blätter im Sommer nicht von zu viel praller Sonne versengt werden. Stelle mich bei Bedarf vorübergehend an einen etwas geschützteren Platz.

Vermehre mich

Zwicke im Frühsommer einen Trieb ab, schneide ihn in Stücke und lege ihn in einem Topf auf frische Erde mit einer dünnen Lage Sand obenauf. Erst wenn sich winzige Wurzeln bilden, kannst du mich wässern.

VORSICHT: Ich bin giftig. Halte daher kleine Kinder und Haustiere von mir fern.

DENDROBIUM

Dendrobium

Wir hatten jahrelang eine solche weiße Schönheit in unserem Badezimmer stehen. Mit ihren aufrechten Trieben, den wechselständigen grünen Blättern und den von oben bis unten mit Blüten besetzten Trieben sind diese Orchideen echte Hingucker. Ein weiterer Vorzug ist ihr einnehmender Duft.

{»Ich bin eine **Blütensäule** mit **einem Duft,** der die Stimmung hebt«}

Hilf mir zu gedeihen

STANDORT
Im Herbst und Winter so hell wie möglich, im Frühjahr und Sommer in den lichten Schatten stellen. Ideal sind 18–30 °C.

UMTOPFEN
Verträgt beengte Verhältnisse, braucht aber einen Topf, der viele Abzugslöcher hat. Ideal ist ein luftiger Mix oder Orchideensubstrat.

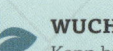

WUCHS
Kann bis zu 60 cm hoch und 30 cm breit werden. Ist kopflastig und sollte gestützt werden, damit der Trieb schön senkrecht wächst.

PFLEGE
Im Sommer täglich besprühen. Wässern, sobald sich das Substrat trocken anfühlt. Bei jedem 3. Wässern düngen. Im Winter trockener halten.

Ich reinige die Luft

Meine Blätter binden Toluol in der Luft. Diese Chemikalie wird von Lacken, Klebstoffen und Nagelpolituren freigesetzt und kann das zentrale Nervensystem schädigen. Ich gebe außerdem nachts Sauerstoff ab und eigne mich daher bestens als Pflanze für das Nachtkästchen.

Ich rege die Sinne an

Meine hübschen Blüten sind nicht nur erfrischend schön anzusehen, sie duften auch betörend süß und fruchtig nach Erdbeeren sowie Himbeeren. Dieses angenehme Aroma beruhigt und hebt gleichzeitig die Stimmung.

Ich blühe in vielen Farben

In bin in mehreren Blütenfarben von Grün über Weiß bis Lila, Goldgelb, Orange und Violett oder auch mehrfarbig zu haben. Wer sich eine Sammlung von mir zulegt, kann unter vielen Farbvarianten wählen.

So fühle ich mich wohl

In meiner natürlichen Umgebung wachse ich epiphytisch auf anderen Pflanzen, wo ein guter Luftaustausch herrscht. Deshalb fühle ich mich bei dir zu Hause dort am wohlsten, wo die Luft gut zirkuliert, also in Gängen, Treppenfluren oder Bädern.

Lerne mich kennen

Ich gehöre einer großen Familie an: Von mir gibt es über 1000 Arten, die in Asien, auf pazifischen Inseln und in Australien vorkommen. Sie haben viele Lebensräume besiedelt, von exotischen Tropenregionen über Bergwälder bis hin zu Wüsten.

DIEFFENBACHIE

Dieffenbachia 'Tropic Marianne'

Diese Pflanze geizt nicht mit Vorzügen: Sie trägt grünes Laub in beruhigend weichen, frischen Tönen und reinigt zu allem Überfluss auch noch die Luft. Kein Wunder, dass sie zu den beliebtesten Zimmerpflanzen gehört. Nur eines sollte man nicht tun: sie essen!

Ich entgifte die Luft
Ich filtere Xylole aus der Luft. Diese süß riechenden Kohlenwasserstoffe sind in Lacken, Polituren und Klebstoffen enthalten. So vermeide ich Reizungen der Atemwege und Depressionen, die bei längerer Aufnahme des Toxins ausgelöst werden können.

{ »Mein **üppiges Laub** filtert **Gifte** aus der Luft« }

Hilf mir zu gedeihen

STANDORT
Ein warmer Raum mit indirektem Licht, besonders im Frühjahr und Sommer, wenn die Sonne das empfindliche Laub versengen kann.

UMTOPFEN
Alle 1–2 Jahre im Frühjahr in einen geringfügig größeren Topf umsiedeln. Stark durchlässiges Substrat, gegebenenfalls mit Kies, verwenden.

WUCHS
Kann bis zu 80 cm hoch und 60 cm breit werden, braucht aber keinen Schnitt, lediglich gelbe Blätter bei Bedarf abzupfen.

PFLEGE
Im Sommer Erde feucht halten, eventuell zweimal wöchentlich wässern. Monatlich düngen. Im Winter weniger gießen und hell stellen.

Verwöhne mich
Ich mag hohe Luftfeuchtigkeit. Stelle mich daher auf eine Schale mit nassen Kieseln oder verwende einen Luftbefeuchter. Zudem bin ich gesellig: Ich gedeihe am besten, wenn ich neben anderen Pflanzen stehe, da so die Luft feuchter bleibt.

Ich bringe dich zur Ruhe

Ihr Menschen könnt von Grün mehr Töne sehen als von jeder anderen Farbe. Zudem wirkt Grün auf Geist und Seele beruhigend. Ich habe viel Grün zu bieten, was entspannend auf euch wirkt.

Genieße meine Blätter

Dank meines dunkel- und hellgrün sowie cremefarben gezeichneten, eiförmigen Laubs bin ich eine vorzügliche Blattschmuckpflanze. Dreh mich häufig, damit alle Blätter viel indirektes Licht bekommen. Ich gedeihe besser als viele andere Pflanzen in Büros mit wenig natürlichem Licht. Pralle Sonne hingegen versengt mich.

VORSICHT: Mein Saft ist toxisch. Halte daher Kinder und Haustiere von mir fern.

VENUSFLIEGEN-FALLE

Dionaea muscipula

In keine andere Pflanze werden so oft Schreibstifte gesteckt wie in mich. Die Venusfliegenfalle ist der Traum jedes Schulkinds – und mit ihrem blutroten Schlund sowie den grünen Krallen der Albtraum aller Fliegen. Ihre starke Persönlichkeit wird Sie faszinieren!

Ich fasziniere dich
Kaum eine Pflanze wird dich mehr zum Staunen bringen als ich beim Fangen meiner Beutetiere. Die haarähnlichen Borsten auf meinen Blättern nehmen Insekten wahr und lösen den Schließmechanismus meiner Blatthälften aus. Daraufhin sondere ich ein Sekret ab, das die Insekten verdaut.

»Ich bin ein **liebenswertes Monster** und fresse Fliegen«

Hilf mir zu gedeihen

STANDORT
Gedeiht am besten an hellen Plätzen, verträgt aber auch Halbschatten. Nicht in die pralle Sonne stellen, da sie sonst Sonnenbrand bekommt.

UMTOPFEN
Kann in einem Topf mit Abzugslöchern oder in Terrarien mit Kies kultiviert werden. Eine Sand-Moos-Mischung bietet optimale Dränage.

WUCHS
Venusfliegenfallen wachsen sehr langsam und werden selbst nach mehreren Jahren bestenfalls 30 cm hoch und 15 cm breit.

PFLEGE
Im Sommer auf eine Schale mit Regen- oder destilliertem Wasser stellen. Im Winter Substrat feucht halten. Muss nicht gedüngt werden.

So fühle ich mich wohl

Ich vertilge Insekten. Weise mir daher einen hellen Raum mit Türen oder Fenstern zu, durch die Insekten zu mir gelangen. An solchen Plätzen kann ich mir meine Mahlzeiten am besten selbst fangen.

Bitte reines Wasser

Ich brauche möglichst reines Wasser, denn die Salze und Mineralien im Leitungswasser sammeln sich in meinem Substrat an, wodurch ich zu kümmern beginne und eingehe. Am liebsten sind mir Regenwasser und destilliertes Wasser.

Gewähre mir Ruhe

Ich brauche jedes Jahr, wenn die Tage kurz sind, einige Monate Ruhe und ein kühles Plätzchen. Hab keine Angst: Ich bin nicht tot, sondern schlafe nur und erwache im Frühjahr zu neuem Leben. Wässern aber musst du mich auch während meiner Auszeit.

Bring mich nicht zum Zubeißen

Löse nie meine Fänge mit dem Finger oder einem Stift aus, denn das kostet mich viel Energie. Außerdem tut das Fett auf deiner Haut meinen Blättern nicht gut.

PFLANZEN, UM KRAFT ZU SCHÖPFEN

Der Anblick heller, einnehmender Farben kann Emotionen auslösen und uns einen Energieschub geben. Rot-, Orange- und Gelbtöne sind lebendig und stimmungsaufhellend. Sind sie mit extravaganten Pflanzen kombiniert, stimulieren sie und bringen uns der Natur näher.

Lanzenrosette ▸
Aechmea fasciata
Die Pflanze erinnert an ein in der Bewegung erstarrtes Feuerwerk. Das liegt vor allem am faszinierenden Kontrast zwischen dem silbrigen und grünen Laub und den rosa Hochblättern mit kleinen violetten Blüten in der Mitte. Die Farbexplosion wirkt anregend, hebt die Stimmung und bereichert Ihr Wohninterieur um natürliche Farben.
Siehe S. 36–37

Ein Fest für die Sinne: die Lanzenrosette

Flamingoblume ▾
Anthurium andraeanum
Ihre unverkennbaren Blattscheiden leuchten rot – in der Farbe der Leidenschaft und Tatkraft. Kein Wunder, dass sie starke Gefühle auslöst! In der Wohnung wirkt sie anregend. Dank ihrer Liebesfarbe eignet sie sich hervorragend als symbolisches Geschenk für jemand Besonderen.
Siehe S. 42–43

Kroton ▼

Codiaeum variegatum

Das lebendige Zusammenspiel der feurigen Farben auf dem Laub gibt Kraft, stimuliert und setzt in jedem Zimmer unübersehbare Akzente. Ungewöhnliche Muster aus Gelb-, Orange-, Rot- und Grüntönen machen unternehmungslustig. Noch faszinierender wird die Pflanze durch die unterschiedlichen Umrisse der einzelnen Blätter. *Siehe S. 60–61*

Die strahlig wachsende Guzmanie strotzt vor positiver Energie.

Guzmanie ▲

***Guzmania* (Sorten)**

Für einen wahren Energieschub sorgen die leuchtenden, sternförmig angeordneten Hochblätter ihrer Blüten – man kann gar nicht anders, als sich von dieser Schönheit beflügeln und in Hochstimmung versetzen zu lassen. Die Blütenstände sind lange haltbar, und kurz bevor die Pflanze sich verabschiedet, bildet sie noch Kindel, die das Familienerbe fortführen. *Siehe S. 88–89*

An den neonrosa Hochblättern kann man sich kaum sattsehen.

Blaue Tillandsie ▸

Tillandsia cyanea

Das Rosa und die gefältelte Struktur des Blütenstands über gebogenen Blättern bringen Schwung in jedes Dekor. Zusätzlichen Zauber verbreiten die violetten Blüten an den Hochblättern. Man kann diese Pflanze mit kindlicher Freude genießen: Man fühlt sich verspielt, unbeschwert – und wieder jung! *Siehe S. 132–133*

DUFTENDER DRACHENBAUM

Dracaena fragrans

Er gehört zu den Schwergewichten der Zimmerpflanzenwelt – und ist ein ausgezeichneter Giftvernichter. Seine baumartigen Stämme mit zweifarbigen Laubschöpfen werden mannshoch, weshalb er in jedem Raum Zeichen setzt. Während meiner Tätigkeit im Pflanzenhandel habe ich ihn zu Tausenden eingekauft.

»Meine **Ausstrahlungskraft** in Räumen ist enorm«

Hilf mir zu gedeihen

STANDORT
Gefiltertes Licht, da pralle Sonne die Pflanze versengt. Bei zu wenig Licht allerdings verlieren die Blätter ihre Streifen. Idealtemperatur: um 18 °C.

UMTOPFEN
Alle 1–2 Jahre im Frühjahr in einen etwas größeren Topf mit frischer Erde setzen. Substrat nicht zu stark verdichten, damit es durchlässig bleibt.

WUCHS
Kann bis zu 2 m hoch und mehr als 1 m breit werden. Wird die Pflanze zu hoch, kann man die Enden der Triebe kappen.

PFLEGE
Im Frühjahr und Sommer Erde vor dem Gießen trocknen lassen. Im Winter weniger wässern. Während der Vegetationsphase häufig düngen.

Ich bringe die Natur ins Haus

Ich bin wie geschaffen dafür, die harten Linien von Räumen weicher wirken zu lassen. Da ich bis zu 2 m hoch werden kann, setze ich in einer Zimmerecke einen unübersehbaren grünen Akzent und hole die Natur ins Haus. Mein Laub bringt Leben in dein Ambiente und sorgt für eine heimelige Atmosphäre.

Manchmal bilden sich an Triebenden zartrosa Blüten.

Meine Blüten sind ein seltener Genuss

Ich blühe zwar als Zimmerpflanze selten, sollten sich aber doch einmal Blüten bilden, wenn ich älter bin, wirst du erfahren, warum ich Duftender Drachenbaum heiße: Sie riechen intensiv süß. Man kann die Blütenknospen aber auch abzwicken, damit ich meine ganze Energie in die Laubbildung stecken kann.

Ich entgifte die Luft

Ich bin ein sehr wirksamer Luftfilter. Meine Blätter absorbieren Xylole aus der Atmosphäre, die von Lacken, Lösungsmitteln und Dekoprodukten freigesetzt werden. Dadurch sinkt die Gefahr von Schwindel und Übelkeit.

Ich bin unkompliziert

Solange ich mit dem Notwendigsten versorgt werde – gefiltertes Licht, feuchtes Substrat und gelegentlich Dünger im Frühjahr und Sommer –, brauche ich nicht viel Pflege. Ich bin die ideale Zimmerpflanze für Einsteiger und belohne das Minimum an Aufwand mit exotischer Präsenz.

Vermehre mich

Ich lasse mich ganz leicht vermehren: Schneide einfach einen Laubschopf unterhalb der Blätter ab und setze den Steckling in Erde oder frisches Wasser. Sobald sich 2–3 cm lange Wurzeln gebildet haben, pflanzt du mich in Universalerde.

VORSICHT: Lass keine Katzen und Hunde an mir knabbern, denn für sie bin ich giftig.

GERANDETER DRACHENBAUM

Dracaena reflexa var. *angustifolia*

Das Bäumchen ist nicht nur hübsch anzusehen, sondern auch ein Überlebenskünstler, der ganz nebenbei noch Schadstoffe aus der Luft holt. Ich habe seine feine Laubzeichnung immer gemocht. Mit seinen strahligen Blattschöpfen erinnert er angenehm an Palmen.

»Ich **entführe** dich in ferne Tropenwelten«

Ich hebe deine Stimmung

Mein palmenähnlicher Wuchs entführt dich in exotische Welten, was dich positiv stimmt und entspannt. Mein Laub wächst mit der Zeit überhängend, sodass ich eher einer Trauerweide als einer Palme ähnle und Räume durch meine beruhigende Form bereichere.

Hilf mir zu gedeihen

STANDORT
Ideal ist ein heller Platz mit viel indirektem Sonnenlicht. Pralle Sonne dagegen schadet den Blättern.

UMTOPFEN
Jedes zweite Frühjahr in einen neuen Topf, der etwas größer als der vorige ist, umpflanzen. Handelsübliche Universalerde verwenden.

WUCHS
Wächst langsam und braucht gut und gern 10 Jahre, bis er seine endgültige Größe erreicht. Kann bis zu 3 m hoch werden.

PFLEGE
Substrat feucht halten und monatlich Langzeitdünger in halber Dosis geben. Im Winter weniger wässern und Erde austrocknen lassen.

Lerne mich kennen

Mein harziger Saft ist rot wie Drachenblut, daher mein Name. Im Mittelalter kam er in der Alchemie und in den Zauberkünsten zum Einsatz. Heute verwendet man ihn für profanere Zwecke, etwa als Holzpolitur.

Ich entgifte die Luft

Ich trage dazu bei, dass dein Immunsystem gesund bleibt, weil ich Benzol aus der Luft filtere. Dieser gesundheitsschädliche Kohlenwasserstoff wird von Fahrzeugen mit Benzinmotor ausgestoßen und ist auch in Zigarettenrauch enthalten.

Bewundere mein Laub

Ich bin in mehreren zweifarbigen Panaschierungen zu haben, ja, es gibt von mir sogar dreifarbige Sorten mit rosa, grünem und gelbem Laub. Alte Blätter im unteren Bereich können entfernt werden. Wenn ich zu groß werde, kann man meine Stämme beliebig kürzen.

Behandle mich gut

Ich bin anspruchslos und halte lange ohne Wasser aus, falls du einmal vergisst, mich zu gießen. Allerdings solltest du mein Laub gelegentlich mit einem feuchten Tuch entstauben, damit ich besser Luft bekomme.

VORSICHT: Halte Haustiere von mir fern, denn mein Laub ist für sie ungesund.

GOLDFRUCHT-PALME

Dypsis lutescens

Meine erste Goldfruchtpalme wurde mannshoch. Ihre übergebogenen Wedel aus hellgrünem Laub mit kontrastierenden goldgelben Trieben brachten Schwung in meine Studentenbude. Doch Goldfruchtpalmen machen nicht nur viel her, sie entgiften auch die Luft.

{ »Ich bringe **eine elegante Struktur** in Räume – und **reinige ihre Luft**« }

Ich reinige die Luft

Ich sorge dafür, dass du saubere Luft atmen kannst, denn meine Blätter holen während der Fotosynthese nicht nur Kohlendioxid aus der Luft, sie binden auch Kohlenmonoxid und ersetzen es durch Sauerstoff.

Meine gelben Blüten öffnen sich knapp unter den Blättern.

Hilf mir zu gedeihen

STANDORT
Gedeiht in einem hellen Zimmer ohne direkte Sonne. Die Temperatur nicht unter 15 °C fallen lassen, da sich die Blätter verfärben können.

UMTOPFEN
Alle 3 Jahre im Frühjahr in einen größeren Topf umpflanzen. Stark durchlässige Erde verwenden, da die Pflanze auf keinen Fall zu viel Nässe verträgt.

WUCHS
Goldfruchtpalmen legen für gewöhnlich bis zu 25 cm im Jahr zu und können über 2 m hoch werden.

PFLEGE
Während der Vegetationsperiode Ballen feucht, aber nicht nass halten. Monatlich Flüssigdünger verabreichen. Im Winter selten wässern.

Ich bin ein Hingucker

Ich werde hin und wieder auch als »Schmetterlingspalme« bezeichnet, da meine Wedel den Flügeln eines Falters ähneln. Sie werden von kräftigen Stielen getragen, wirken ausgesprochen exotisch und neigen sich anmutig über wie eine Fontäne.

Ich mag Regenwasser

Ich vertrage kein Fluorid, das in manchen Ländern im Leitungswasser enthalten ist. Es reichert sich in meinen Blättern an, hemmt die Fotosynthese und lässt das Laub gelb werden oder vertrocknen. Deshalb wäre es gut, wenn du zum Gießen destilliertes oder Regenwasser verwenden würdest.

Ich blühe selten

In meiner natürlichen Umgebung öffne ich gelbe Blüten, aus denen sich kleine, ebenfalls gelbe Früchte entwickeln. Selbst unter optimalen Bedingungen ist es unwahrscheinlich, dass ich als Zimmerpflanze jemals blühe. Aber man weiß ja nie!

Lerne mich kennen

Mein Artepitheton *lutescens* bedeutet »gelb werdend«. Das bezieht sich auf die gelben Stiele, die meine Blätter tragen. Wenn meine Blätter aber als Ganzes gelb werden, ist das vermutlich darauf zurückzuführen, dass ich zu viel Sonne oder Wasser bekommen habe.

WEIHNACHTS-STERN

Euphorbia pulcherrima

Nur wenige Zierpflanzen sind so untrennbar mit Weihnachten verbunden wie diese. Sie fehlt in kaum einer festlich geschmückten Wohnung. Allgegenwärtig ist die gebürtige Mexikanerin auch auf dem Weihnachtstisch – oft mitten zwischen Dutzenden Grußkarten.

Ich bringe Farbe in die Wohnung

Obwohl meine Sorten mit den unverkennbaren roten Hochblättern im Winter am häufigsten zu finden sind, gibt es mich auch in Orange, Gelb, Rosa, Violett und Weiß. Deshalb findest du mich auf jeden Fall in einer Farbe, die zu deiner Wohnungseinrichtung optimal passt.

»Ich verbreite **festliche Weihnachtsstimmung**«

Hilf mir zu gedeihen

STANDORT
Braucht viel Helligkeit, aber ohne direkte Sonne. Nicht kälter als 13 °C stellen, da sonst das Laub in Mitleidenschaft gezogen wird.

UMTOPFEN
Im Frühjahr in einen um eine Nummer größeren Topf mit einem Mix aus tonhaltigem Substrat und Rinden- oder Laubhumus umsiedeln.

WUCHS
Wird bis zu 45 cm hoch und breit und kann unter günstigen Bedingungen relativ schnell wachsen.

PFLEGE
Nach der Blüte trocken halten. Während des Wachstums erst wässern, wenn das Substrat trocken ist. Alle 10–14 Tage einen Volldünger geben.

Ich verbreite gute Laune

Mein Anblick macht glücklich und versetzt in Festtagsstimmung, denn man verbindet mich überall mit Weihnachten, Familientreffen und Geschenken. Meine rote Farbe weckt Erinnerungen an schöne Stunden mit Menschen, die man mag, und schafft eine entspannte Winteratmosphäre.

So zeige ich mich von meiner besten Seite

Manchmal ist es nicht einfach, mich pünktlich zu Weihnachten in Rot erstrahlen zu lassen. Du kannst das aber künstlich erreichen, indem du mich ab November taglich nach 12 Stunden Licht in einen dunklen Raum stellst – und das 10 Wochen lang. Geht nicht? Ich bin trotzdem eine schöne Zimmerpflanze.

Verhätschle mich

Kalte Luftstöße tun mir weh, stelle mich deshalb nicht neben Türen oder Fenster, die du im Winter hin und wieder öffnest. Bringst du mich nach dem Kauf nach Hause, wickle mich gut ein, damit ich keine Zugluft abbekomme.

Lerne mich kennen

Die Azteken nannten mich *cuetlaxochitl*, »Blume, die verwelkt«. Das rote Pigment in meinen Hochblättern verwendeten sie zum Färben von Stoffen. Viele halten meine roten Blätter für Blüten, doch sind es Hochblätter, also modifizierte Laubblätter. Meine eigentlichen Blüten sind klein, gelb und unscheinbar.

VORSICHT: Ich bin leicht giftig. Halte daher Kinder und Haustiere von mir fern.

BIRKEN-FEIGE

Ficus benjamina

Die Birken-Feige gehört zu den wohl bekanntesten Zimmerpflanzen überhaupt. Dank ihrer Vielseitigkeit, Schönheit und luftreinigenden Eigenschaften ist sie aus unseren Wohnungen nicht mehr wegzudenken. Mit ihren zarten, glänzenden, eiförmigen Blättern gereicht sie jedem Interieur zur Ehre.

»Ich bin eine **Pflanze** wie ein Kunstwerk – und **reinige die Luft**«

Hilf mir zu gedeihen

STANDORT
Nicht kälter als 10 °C stellen und einen hellen Standort ohne direkte Sonne wählen.

UMTOPFEN
In tonhaltiges Substrat für Gehölze setzen und Rindenmulch dazumischen, um die Durchlässigkeit zu erhöhen.

WUCHS
Kann 3 m hoch und 2 m breit werden, wächst aber langsam. Bei Bedarf abgestorbene Teile entfernen oder durch Stutzen in Form bringen.

PFLEGE
Nicht zu stark wässern. Erde während der Wachstumsphase feucht halten, aber im Winter weniger wässern. Alle 4 Wochen düngen.

Ich entgifte die Luft

Ich kann das Risiko von Reizungen der Nasen-, Mund- und Rachenschleimhäute verringern, denn ich binde Formaldehyd, das von synthetischen Stoffen freigesetzt wird, und Xylol, das Schwindel, Kopfschmerzen und Verwirrtheit verursachen kann.

Umsorge mich

Ich werfe meine Blätter ab, wenn ich zu wenig Nährstoffe und Licht bekomme oder zu lange nicht gewässert werde. In jungen Jahren kannst du mich jährlich umtopfen, damit meine Wurzeln Platz haben, aber später ist das nicht mehr nötig.

Ich habe positive Energie

Mir und anderen Feigen werden seit Tausenden Jahren positive Kräfte zugeschrieben. In vielen Religionen spiele ich eine wichtige Rolle, etwa im Islam, im Hinduismus und vor allem im Buddhismus, denn Buddha fand angeblich Erleuchtung unter einem Feigenbaum.

Lerne mich kennen

Ich gehöre zur Familie der Maulbeergewächse. Es gibt mich schon sehr lange: Man hat 60 Millionen Jahre alte fossile Reste von *Ficus*-Pflanzen gefunden. Birken-Feige nennt man mich, weil mein Laub dem von Birken ähnelt. Bin ich gestresst, werfe ich es ab.

VORSICHT: Mein Milchsaft ist giftig. Kinder, Haustiere und Menschen mit Latexallergie sollten nicht mit ihm in Berührung kommen.

GUMMIBAUM

Ficus elastica

Der Gummibaum zählt zum Hochadel der Zimmerpflanzenwelt und ist ein Klassiker, der sich von allen anderen durch seine unverkennbaren, großen, smaragdgrünen Blätter und den baumartigen Wuchs abhebt. Er bringt frischen Wind in triste Ecken und gehört mit Recht zu den beliebtesten Ziergewächsen der Welt.

»Ich bringe **Glanz** in öde Winkel«

Hilf mir zu gedeihen

STANDORT Wächst am besten im lichten Schatten bei 15–24 °C. Verträgt keine Temperaturen unter 13 °C, aber von Heizkörpern fernhalten.

UMTOPFEN In den ersten 5 Jahren jährlich, dann alle 2 Jahre in einen um 1–2 Nummern größeren Topf setzen. Braucht durchlässiges Substrat.

WUCHS Kann bis zur Decke wachsen und muss daher eventuell mit einem Stock oder an der Wand abgestützt werden. Bei Bedarf schneiden.

PFLEGE Vom Frühjahr bis zum Herbst alle 2 Wochen Flüssigdünger ins Gießwasser geben. Wenig und oft wässern, verträgt aber keine Staunässe.

Ich reinige die Luft

Mein Laub holt Kohlendioxid aus der Luft, aber auch Bakterien und Pilzsporen. Außerdem binde ich Formaldehyd und Benzol, die von Lacken, Kosmetika, Klebern und Reinigungsmitteln freigesetzt werden und Kopfschmerzen, Schwindel sowie Schleimhautreizungen verursachen.

Pflege mich

Die dunkelgrünen Pigmente in meinen Blättern absorbieren Licht. Dadurch erzeuge ich die Energie, die ich zum Leben brauche. Halte mein Laub deshalb staubfrei, indem du es monatlich abwischst.

Stutze mich

Sobald ich die für deine Wohnung optimale Größe erreicht habe, bremst du mein Wachstum, indem du meine Triebspitze kappst und Äste kürzt, damit ich dichter werde. Das sollte im Spätwinter oder Frühjahr geschehen.

Teile mich

Du kannst mich durch »Abmoosen« teilen. Entferne zwei Blätter dort, wo du mich teilen möchtest. Schneide einen 1 cm dicken Ring Rinde weg und packe ihn in feuchtes Moos, das du mit Folie umwickelst. Sobald sich Wurzeln bilden, schneidest du den oberen Teil unterhalb der Wurzeln ab und topfst ihn ein.

Lerne mich kennen

Wenn du in meine Rinde schneidest, sondere ich einen Milchsaft ab, aus dem Gummi gemacht wird. Der Saft ist aber hautreizend.

VORSICHT: Mein Saft ist giftig, halte daher Kinder und Haustiere von mir fern.

KAP-GARDENIE

Gardenia jasminoides

Sie gehört ohne Zweifel zu den schönsten duftenden Zimmerpflanzen. Ihre mattweißen Blüten sind perfekt geformt und setzen einen auffälligen Kontrapunkt zu den glänzenden, smaragdgrünen Blättern, zwischen denen sie kauern. Noch beeindruckender als ihr Aussehen ist allerdings der anregende Duft, der die Stimmung hebt.

Ich wirke entspannend

Ich bin bekannt für meinen entspannenden Duft. Deshalb kommen meine ätherischen Öle häufig in der Kosmetikindustrie in Cremes, Parfüms und Waschlotionen zum Einsatz. Mein Wohlgeruch verhilft zu innerer Schönheit, beruhigt und lässt dich gelassener werden. Er wird sogar gegen Depressionen und Angstzustände eingesetzt.

»Mein umwerfender **Duft** versetzt dich in **Hochstimmung**«

Hilf mir zu gedeihen

STANDORT Gedeiht in kühlen, hellen Räumen am besten. Braucht zum Blühen tagsüber mindestens 21 °C und nachts wenigstens 16 °C.

UMTOPFEN Im Frühjahr in einen etwas größeren Topf setzen, wenn die Wurzeln zu dicht werden, mag es aber eng. Moorbeeterde verwenden.

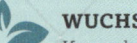

WUCHS Kann als Zimmerpflanze bis zu 2 m hoch und 1 m breit werden, wächst allerdings nicht allzu kräftig.

PFLEGE Sowohl Austrocknung als auch Staunässe vermeiden. Während der Wachstumsperiode gut mit Regenwasser gießen. Alle 4 Wochen düngen.

So fühle ich mich gut

Ich stamme aus Asien und gedeihe in subtropischem Klima, mag also hohe Luftfeuchtigkeit. Allerdings stehe ich nicht gern im Wasser. Stelle mich auf eine Schale mit nassem Kies: Das Wasser verdunstet bei Wärme und feuchtet die Luft um mich herum an.

Ich bin ein Mode-Statement

Ich bin eine schicke Bereicherung deiner Einrichtung. Trendsetter wie die Modeikone Coco Chanel und die legendäre Jazzsängerin Billie Holiday haben mich geliebt und sich meine Blüten als Markenzeichen in ihr Haar gesteckt.

Rege mich zu neuer Blüte an

Schneide nach dem Verblühen welke Blüten ab. Das regt mich zur Bildung neuer Blüten an. Entferne auch langbeinige alte Triebe, damit ich immer frisch und gesund aussehe und kompakt bleibe. Warte nicht zu lange mit dem Schneiden, sonst blühe ich im nächsten Jahr nicht.

Ich stehe für die Liebe

Dank meiner weißen Blüten und meines einnehmenden Dufts gelte ich als Sinnbild der Liebe, Reinheit und Lieblichkeit. Deshalb werde ich oft für Tischdekor oder Brautsträuße verwendet.

VORSICHT: Katzen und Hunde dürfen mich nicht anknabbern, denn für sie bin ich giftig.

GUZMANIE

Guzmania (Sorten)

Ich habe diese südamerikanische Schönheit im Lauf der Jahre oft in Arrangements aus Zimmerpflanzen zum Einsatz gebracht, denn mit ihrem Wuchs und ihrer Färbung spendet sie sehr viel positive Energie. Weitere Vorzüge sind die rosettenförmigen Hochblätter, die ganz lange leuchtend rot bleiben.

»Wenn du einen **Farbakzent** setzen willst, bin ich genau **richtig** für dich«

Ich reinige deine Luft

Meine Blätter filtern Schadstoffe wie das in Klebstoffen und Lacken enthaltene Benzol aus der Luft und geben Sauerstoff ab. Damit bin ich ideal für Schlafzimmer, denn ich reinige deine Atemluft, sodass du erquickt aufwachst.

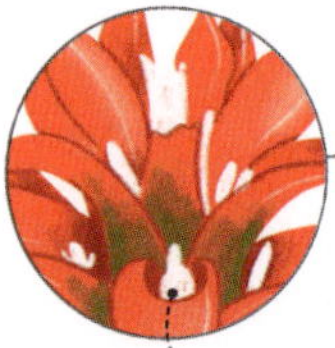

Meine Blüten sind zwischen den Hochblättern kaum zu erkennen.

Hilf mir zu gedeihen

STANDORT
Gedeiht bei hoher Luftfeuchtigkeit und indirektem Licht – pralle Sonne verbrennt das Laub. Nicht kühler als 15 °C stellen.

UMTOPFEN
Mag nährstoffreiches, stark durchlässiges Substrat, etwa Anzuchterde, die mit gleichen Teilen gehäckseltem Torfmoos gestreckt wurde.

WUCHS
Manche Sorten werden bis zu 60 cm hoch und 1,2 m breit. Wächst relativ langsam und ist langlebig, geht aber nach der Blüte ein.

PFLEGE
Trichter im Sommer zu einem Viertel mit Regen- oder destilliertem Wasser füllen; monatlich erneuern. Im Winter Erde nur leicht feucht halten.

Vermehre mich

Ich bin monokarp, sterbe also nach dem Blühen ab. Doch du kannst mich leicht mit den Ausläufern vermehren, die an meinem Ansatz wachsen. Sobald sie 10–15 cm hoch sind, können sie abgeschnitten und in stark durchlässige Topferde gesetzt werden.

Lerne mich kennen

Als Bromelie wachse ich epiphytisch und hole mir meine Nährstoffe aus der Luft und dem Regen. Deshalb habe ich eine trichterförmige Blattrosette. In Brasilien, meiner angestammten Heimat, glaubt man, in diesem Trichter würde sich »aller Segen von oben« sammeln.

Ich bringe Licht in deinen Tag

Meine sternförmigen Hochblätter bereichern Inneneinrichtungen um eine ungewöhnliche Form, während dir meine Farben – Rot, Orange, Violett, Grün, Rosa oder Weiß und sogar zweifarbig – Kraft geben.

Suche meine echten Blüten

Meine farbenfrohen Hochblätter sind natürlich die Hauptattraktion, doch trage ich auch echte Blüten. Sie sind klein und weiß und sitzen zwischen den Hochblättern. Öffnen sie sich, habe ich noch ein Jahr zu leben, dann sterbe ich.

SAMTPFLANZE

Gynura aurantiaca

Es gibt wohl keine andere Pflanze, die so sehr den Eindruck erweckt, als würde sie fluoreszieren oder von Schwarzlicht bestrahlt: Die Haare auf den Blättern leuchten fast unwirklich! Mit ihrem üppigen Laub ist sie garantiert ein Gesprächsstoff und verwandelt eine öde Fensterbank in einen ungewöhnlichen Blickfang.

»Von mir kann man **den Blick** nicht lassen«

Hilf mir zu gedeihen

STANDORT
Sehr hell, aber mit indirektem Licht für einige Stunden pro Tag, vor allem im Winter. Braucht Temperaturen von mindestens 13 °C.

UMTOPFEN
Bei Bedarf im Frühjahr in tonhaltiges Substrat bzw. Topferde umpflanzen oder durch Stecklinge ersetzen, falls sie zu langbeinig wird.

WUCHS
Wächst rasch, deshalb Triebspitzen abzwicken, damit sie nicht langtriebig wird. Kann 2 m hoch und 1,2 m breit werden, wenn man sie stützt.

PFLEGE
Während der Saison reichlich wässern, damit das Substrat feucht bleibt. Die Wurzeln faulen leicht, daher Staunässe vermeiden.

Ich verbreite Märchenzauber

Mein fast unwirkliches Violett ist in der Natur eine sehr seltene Farbe und verbreitet eine Aura der Kreativität und des Geheimnisvollen. Ich brauche viel indirektes Licht, sonst verblasst meine Farbe.

Ich bin sehr hungrig

Ich bin eine sehr hungrige Pflanze und brauche im Frühjahr und Sommer viele Nährstoffe. Gib mir bitte während der Wachstumssaison alle 1–2 Wochen eine Dosis Flüssigdünger, damit ich reichlich Laub ansetze.

Berühre mich

Ich heiße Samtpflanze, weil meine Blätter viele feine violette Haare tragen. Dadurch wirke ich bei Berührung weich, ja, regelrecht samtig. Wenn du mein weiches Laub anfasst, spürst du den Zauber der Natur noch intensiver.

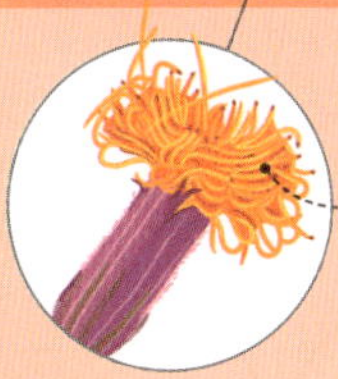

Meine scharf riechenden, distelartigen Blüten öffnen sich im Winter.

Hauche mir neues Leben ein

Mit der Zeit verliere ich meine Leuchtkraft und werde dunkler. Vermehre mich, dann bleibe ich attraktiv. Schneide einen 5–10 cm langen Trieb ab und stelle ihn ins Wasser. Sobald er Wurzeln hat, topfst du ihn ein.

Ich habe ungewöhnliche Blüten

Meine Blüten sind ebenso faszinierend wie das Laub. Sie sehen fast wie Disteln aus, sind lebhaft orange und bilden einen starken Kontrast zu meinem Laub. Ihr Duft allerdings ist nicht jedermanns Sache. Manche zwicken meine Blüten deshalb lieber ab.

AMARYLLIS

Hippeastrum (Sorten)

Jeder sollte in seinem Leben mindestens eine Amaryllis besessen haben – sie ist Eleganz pur! Die Zwiebelpflanzen sind ein Erlebnis, denn sie wachsen fast im Rekordtempo und öffnen unglaublich prachtvolle Blüten. Aber auch für Sammler sind sie ein Traum, gibt es doch etliche Sorten und Farbvarianten.

»Meine **Prachtblüten** zu kultivieren macht dich **zu Recht** stolz«

Hilf mir zu gedeihen

STANDORT
Gedeiht gut auf einer Fensterbank in gefiltertem Licht oder in voller Sonne. Nicht kühler als 12 °C stellen.

UMTOPFEN
Im Herbst in einen Topf setzen, der 5 cm breiter als die Zwiebel ist. Zwiebel halb aus der Erde herausragen lassen. Nur alle 3–5 Jahre umtopfen.

WUCHS
Kann 30–60 cm hoch und 30 cm breit werden. Blüht meist im Winter oder Frühjahr etwa 6–10 Wochen nach dem Pflanzen der Zwiebel.

PFLEGE
Wässern, wenn sich die Erde trocken anfühlt. Alle 10 Tage düngen, sobald Laub austreibt. Im Frühherbst nicht mehr gießen, altes Laub entfernen.

Ich mache dich stolz

Ich verbessere das psychische Wohlbefinden enorm, denn ich bin leicht zu kultivieren und robust. Das verschafft dir Erfolgserlebnisse und macht dich stolz. Du musst nicht lange auf eine Belohnung für deine Mühe warten, denn meine Blüten öffnen sich bald.

Halte mich fit

Nach dem Verblühen im Winter oder Frühjahr musst du meinen Blütenstängel bis auf 2 cm über der Zwiebel zurückschneiden. Sobald ich neu austreibe, beginnst du mich alle 2 Wochen mit Flüssigdünger zu versorgen. So kann ich neue Kraft schöpfen.

Ich mag es nicht nass

Wie alle Zwiebeln faule ich in Nässe. Pass daher auf, dass sich in meinem Übertopf oder Untersetzer kein Wasser sammelt. Während meiner Ruhephase nach dem Entfernen der Blätter brauche ich gar kein Wasser mehr.

Ich mache viel her

Mein Name *Amaryllis* kommt aus dem Griechischen und bedeutet »funkelnd«. Er bezieht sich auf meine mehrköpfigen Blütenstände, die es in Rot, Orange und Rosa gibt. Nur wenige Zwiebeln blühen so schön.

Zusammen sind wir stark

Man verbindet mich mit Entschlossenheit und Stärke. Der Verein Betroffener der Huntington-Krankheit hat sich mich zum Symbol erkoren. Ich stehe auch für Hoffnung und soll dazu beitragen, dass die Forschungen zur Krankheit vorangetrieben werden.

VORSICHT: Meine Zwiebel ist giftig. Lass deshalb keine Kinder und Haustiere an mich ran.

PFLANZEN, UM DIE STIMMUNG ZU HEBEN

Manche Pflanzen können tatsächlich die Stimmung heben und Sorgen vertreiben, ob durch den süßen Duft einer Blüte oder durch exotisches Laub. Manchmal verbessert sich die Laune schon, wenn man nur die Blüte seiner Lieblingspflanze sieht.

Amaryllis ▸
***Hippeastrum* (Sorten)**

In dieser Zwiebel steckt so viel Kraft und Leben, dass es schwer ist, sich von ihr nicht aufheitern zu lassen. Der pflegeleichten Pflanze beim Gedeihen zuzusehen macht viel Spaß. Sie bringt dringend nötige Farbe in den Winter. *Siehe S. 92–93*

Kap-Gardenie ▴
Gardenia jasminoides

Der frische, süße Duft der Kap-Gardenie stimmt jeden fröhlich, der einen mit ihr geschmückten Raum betritt. Kaum bemerkt man ihren Wohlgeruch, schwupps! schon weilt man auf Urlaub in Griechenland und ist gerade auf dem Weg zur Taverne. Der himmlische Duft ist Aromatherapie für die Seele – er nimmt die Sinne gefangen und hebt im Handumdrehen die Laune. Man sollte die Pflanze deshalb auch dort hinstellen, wo Besucher häufig an ihr vorbeigehen. *Siehe S. 86–87*

Lebende Steine ▾
Lithops

Lebende Steine sind ein kurzweiliges Vergnügen. Sie zu beschreiben macht ebenso viel Spaß, wie sie zu betrachten. Egal, ob sie einen an Gehirne oder menschliche Kehrseiten erinnern, sie zaubern ein Lächeln auf die Lippen, vor allem wenn sie auch noch Blüten zwischen ihren beiden Hälften hervorschieben. *Siehe S. 102–103*

Leuchterblume ▸
Ceropegia linearis subsp. *woodii*

Ob auf einem Regal oder in einer Blumenampel, diese Pflanze mit ihren herzförmigen Blättern an hängenden Trieben macht einfach gute Laune. Sie erinnert an viele liebe Menschen, denen man im Leben begegnet ist. Ihre ungewöhnlichen Blüten bringen zum Lachen und erfüllen eine Wohnung mit Frohsinn.
Siehe S. 52–53

Faszinierend: die Blätter der Mimose

Mimose ▴
Mimosa pudica

Mit einem Blick auf die Wunder der Natur bringt man sich zuverlässig in Hochstimmung. Durch die bemerkenswerten Reaktionen der Mimose fühlt man sich in ihrer Gegenwart der Natur gleich viel näher. Das Zusammenfalten der Blätter auf einen bloßen Berührungsreiz hin überrascht und fasziniert – selbst wenn man es schon hundertmal zuvor gesehen hat! *Siehe S. 106–107*

PUNKTBLUME

Hypoestes phyllostachya

Sie ist die perfekte Blattschmuckpflanze – farbenfroh, anmutig und vielseitig. Besonders gut eignet sich das Gute-Laune-Gewächs für die Fensterbank oder den Tisch, doch lässt sie sich auch vorzüglich in Körben, Arrangements, Flaschengärten oder Terrarien mit anderen Zimmerpflanzen kombinieren.

{ »Ich bin ein **munteres,** vielseitiges Pflanzenwunder aus **Farben** und Mustern« }

Ich mache gute Laune

Meine rosa Blätter mit den verspielten Mustern bereichern Räume um eine weiche Komponente, vermitteln aber zugleich kindliche Freude und Zufriedenheit. Jedes Blatt ist ein Unikat und einzigartig – genau wie du!

So behalte ich die Farbe

Damit mein Laub farbenfroh bleibt, stelle mich nicht in die Sonne, sondern in den Halbschatten. Dort kann ich aber langtriebig werden. Stutze mich deshalb.

Hilf mir zu gedeihen

STANDORT
Braucht indirektes Licht und viel Luftfeuchtigkeit. Von Frühjahr bis Frühherbst täglich, im Winter gelegentlich mit Regenwasser besprühen.

UMTOPFEN
Ist der Ballen so durchwurzelt, dass die Pflanze nicht mehr wächst, kommt sie in einen größeren Topf mit durchlässiger Erde.

WUCHS
Wird etwa 50 cm hoch und 30 cm breit. Triebspitzen abzwicken, um die Pflanze zu einem buschigen Wuchs anzuregen.

PFLEGE
Substrat während der Wachstumssaison feucht halten, im Winter weniger wässern. Im Sommer monatlich düngen, im Frühjahr schneiden.

Schneidet man mich nicht zurück, öffne ich rosa Röhrenblüten.

Meine »Kunst« wird dich inspirieren

Punktblume oder Punktblatt nennt man mich gemeinhin wegen meiner Blätter, die rot, violett und rosa gesprenkelt sein können. Die Flecken fließen meistens zu großflächigen Farbkompositionen zusammen – fast wie in abstrakten Gemälden.

Freue dich auf meine Blüte

Manchmal überrasche ich dich mit meinen lila Blüten in ährigen Trauben. Allerdings deuten sie auch darauf hin, dass mein Lebensende naht. Wenn du sie abzwickst, kosten sie mich nicht so viel Energie.

Vermehre mich

Ich lasse mich ganz leicht vermehren, indem du meine Samen aussäst. Du kannst aber auch Stecklinge von mir nehmen und sie in Kakteenerde stecken, wo sie einwurzeln.

BRUTBLATT

Kalanchoe daigremontiana syn. *Bryophyllum daigremontianum*

Diese erstaunliche Pflanze hat große, fleischige Blätter. Sie wächst schnell und ist anspruchslos. Wie sie zu ihrem Namen gekommen ist, lässt sich unschwer erkennen: Sie setzt an den Blatträndern Hunderte Brutknospen an. Man kann sie abnehmen, einpflanzen und verschenken.

> »Ich bin eine **Pflanze**, die noch viele weitere Pflanzen **trägt**«

Hilf mir zu gedeihen

STANDORT
Ideal für eine sonnige Fensterbank. Kann auch den Sommer draußen verbringen, doch man muss sie erst ans Freiland gewöhnen.

UMTOPFEN
In einen nächstgrößeren Topf umsiedeln, sobald die Wurzeln aus dem alten Topf herauswachsen. Tonhaltige Erde mit Kiesanteil verwenden.

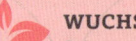

WUCHS
Sehr wüchsig, kann mit der Zeit eine Höhe von 1 m erreichen und 30 cm breit werden.

PFLEGE
Im Sommer wässern, sobald das Substrat auszutrocknen beginnt, und monatlich Flüssigvolldünger geben. Im Winter nur minimal wässern.

Mach es mir behaglich

Ich stamme aus Madagaskar und komme dort in felsigen, trockenen Lebensräumen vor. Deshalb ziehst du mich am besten in Kakteenerde. Du kannst mein Substrat aber auch selbst aus Universalerde mit einem Anteil Sand mixen.

Vermehre mich

Ich werde nur etwa 2 Jahre alt, bilde aber viele Brutknospen, die du vermehren kannst. Sie fallen ständig ab. Fülle Töpfe oder Saatschalen mit Kakteenerde und lege sie einfach auf das Substrat. Sie wurzeln bald darauf ein.

Ich war schon im All

Ich wurde 1979 zur sowjetischen Raumstation *Saljut 6* geschickt, um die Besatzung bei Laune zu halten. Ursprünglich geschah das zu Forschungszwecken, doch bald stellte man fest, dass Pflanzen wie ich die Einsamkeit und Depressionen der Kosmonauten lindern halfen.

Meine Blätter sind zum Staunen

Werde ich als Zimmerpflanze kultiviert, blühe ich selten – bekannt bin ich vor allem für meine sukkulenten Blätter, in denen ich Wasser speichere. Sie haben faszinierende Ränder, die fast wie ein Rückgrat mit vielen Wirbeln aussehen.

Ich mache gern Ferien

Ich bin zwar als Zimmerpflanze zufrieden, doch fühle ich mich im Sommer auch draußen sehr wohl. Gewöhne mich allmählich an das Freiland, indem du mich erst in die Morgensonne, dann in helles, indirektes Licht stellst. Unter 4 °C muss ich wieder nach drinnen.

VORSICHT: Ich bin giftig und sollte daher für Kleinkinder und Haustiere unerreichbar sein.

FLAMMENDES KÄTHCHEN

Kalanchoe blossfeldiana

Es ist ein reizendes Ding, dieses Pflänzchen mit fleischigen, glänzenden, dunkelgrünen Blättern. Die Blüten stehen in Schirmrispen und können weiß, rot, gelb, orange oder rosa sein; auch andere Farben sind möglich. Ob von Nahem oder aus der Ferne besehen, das Flammende Käthchen hebt die Stimmung.

»Ich bin ein **Gute-Laune-Geschenk** für alle Gelegenheiten«

Hilf mir zu gedeihen

STANDORT
Gedeiht auf einer sonnigen Fensterbank ohne direkte Sonne und ist mit der Luftfeuchtigkeit und Temperatur in normalen Räumen zufrieden.

UMTOPFEN
Jährlich in nächstgrößeren Topf mit tonigem Substrat, z. B. Topferde oder Einheitserde Typ T, umpflanzen. Sand oder Kies dazu mischen.

WUCHS
Wächst schnell und kann 40 cm hoch und breit werden. Nach der Blüte zurückschneiden, damit das Laub buschig und dicht bleibt.

PFLEGE
Während des Wachstums regelmäßig wässern, sobald der Ballen austrocknet, und wöchentlich düngen. Im Winter weniger gießen.

Verschenke mich
Ich bin ein munteres Pflänzchen, das jedes Zimmer mit farbigen Blüten aufwertet. Weil ich außerdem für Reichtum, Wohlstand und lange Liebe stehe, verschenkt man mich gern bei jeder Gelegenheit – auch als Liebesbeweis.

Ich bringe Farbe in dein Leben

Ich überrasche dich immer wieder und zaubere ein Lächeln auf deine Lippen, denn ich blühe sehr lange. Meine Blüten sind kräftig gefärbt, was durch den Kontrast mit den wächsernen, smaragdgrünen Blättern noch betont wird.

Halte mich am Blühen

Damit ich immer wieder neue Blüten öffne, schneidest du meinen Flor gleich nach dem Verblühen ab. Du kannst mich sogar das ganze Jahr am Blühen halten, wenn du im späten Frühjahr und Sommer dafür sorgst, dass ich jeden Tag 12 Stunden lang im Dunkeln stehe.

Lerne mich kennen

Als Sukkulente macht es mir nichts aus, wenn ich etwas trocken stehe, denn ich speichere Wasser in meinem Laub. Deshalb bin ich pflegeleicht und ideal für Einsteiger oder Jugendliche.

Vermehre mich

Du kannst mich leicht vermehren, indem du Blattstecklinge von mir nimmst und sie in Substrat steckst oder in Wasser stellst, bis sie wurzeln. Weil ich eine gute Dränage brauche, solltest du Kakteenerde oder normale Blumenerde verwenden, in die du Sand mischst.

VORSICHT: Ich bin giftig. Halte mich von Haustieren und Kleinkindern fern.

LEBENDE STEINE

Lithops

Sie sehen so unwirklich wie einnehmend aus, überraschen immer wieder und sind ein Erlebnis für die Sinne. Ihre weichen, polsterartigen Blätter haben eine grüne oder rötliche Zeichnung und einen grauen bis braunen Rand. Als Kind fand ich, sie sehen mehr wie kleine Gehirne als wie »lebende Steine« aus.

»Unser **bizarres** Aussehen **erstaunt** und fasziniert«

Hilf mir zu gedeihen

STANDORT
Lebende Steine benötigen täglich 5–6 Stunden direkte Sonne, daher in ein Südfenster stellen. Sie bevorzugen niedrige Luftfeuchtigkeit.

UMTOPFEN
Brauchen so gut wie nie umgetopft zu werden, falls sie aber zu dicht stehen, siedelt man sie im späten Frühjahr in Kakteenerde mit Kies um.

WUCHS
Lebende Steine wachsen sehr, sehr langsam und werden selbst nach Jahren maximal 3 cm hoch und breit.

PFLEGE
Von Frühherbst bis April gar nicht wässern. Den Rest des Jahres alle 2 Wochen gut gießen, dazwischen komplett austrocknen lassen.

Wir sind einzigartig

Wir unterscheiden uns in Form und Farbe völlig von anderen Zimmerpflanzen. An uns kann man sehen, wie erfindungsreich Mutter Natur ist. Während du dich über uns wunderst, vergisst du den Stress und die Belastungen des Alltags.

Lerne uns kennen

Unser botanischer Name setzt sich aus den griechischen Wörtern *lithos* für »Stein« und *ops* für »Gesicht« zusammen. Er bezieht sich auf unser steinartiges Aussehen. Du kannst uns als kleines Pflänzchen kaufen oder aus Samen ziehen, die nach der Blüte heranreifen.

Berühre uns

Wir laden zu Berührungen ein, denn wir sehen wie Kiesel aus. Auf unserer Haut spürst du kleine Erhebungen und Furchen. Als Sukkulenten fühlen wir uns fester an, wenn wir gut gegossen werden. Bekommen wir Runzeln, brauchen wir Wasser.

Halte Ausschau nach unseren Blüten

Wir bilden zarte, margeritenähnliche Blüten mit gelber Mitte. Ab dem dritten Jahr blühen wir im Sommer und Herbst. Unsere Blüten duften süß. Nach dem Verblühen treten wir in eine Ruhephase, bis sich zwei neue Blätter bilden und der Lebenszyklus neu beginnt.

Unsere Strahlenblüten bilden sich im Spalt zwischen den Blättern.

Nicht überwässern

Wir speichern Wasser in den Blättern, weshalb du uns nicht zu sehr gießen solltest. Wässere uns vom späten Frühjahr bis in den Sommer, aber erst, nachdem das Substrat völlig ausgetrocknet ist – und immer nur morgens, damit überschüssiges Nass verdunsten kann.

BUNTE PFEILWURZ

Maranta leuconeura 'Fascinator Tricolor'

Mit 16 habe ich in einem Gartencenter gejobbt und mir von meinem ersten Geld diese Pflanze gekauft. Mir gefiel ihr Laub mit den geschwungenen roten Adern. Wenn sich nachts die Blätter schlossen, hatte ich das Gefühl, einen echten Mitbewohner zu haben.

»Die **Zeichnung** meiner Blätter wird dich **verzaubern**«

Hilf mir zu gedeihen

STANDORT
Nicht in die pralle Sonne stellen, Zug vermeiden. Ideal sind Räume mit hoher Luftfeuchtigkeit; gegebenenfalls Laub im Sommer oft besprühen.

UMTOPFEN
In einen geringfügig größeren Topf setzen, sobald Wurzeln durch das Abzugsloch spitzen oder am Ballenrand kreisförmig wachsen.

WUCHS
Kann 30 cm hoch und breit werden. Hin und wieder über einem Blattknoten kappen, um die Pflanze zu einem buschigen Wuchs anzuregen.

PFLEGE
Im Sommer monatlich mit Flüssigvolldünger versorgen und mäßig wässern, Erde nur leicht feucht halten. Im Winter weniger gießen.

Ich bringe dich zum Staunen

Ich besitze die erstaunliche Fähigkeit, meine Blätter abends nach oben einzuklappen, als würde ich beten. Am Ansatz sitzt eine Art Scharnier, das ausgelöst wird, wenn sich das Wasser aus dem Laub zurückzieht. Dabei mache ich ein raschelndes Geräusch.

Meine Blüten öffnen sich im Frühjahr in Paaren. Ich blühe aber nur selten.

Ich bin ein Kunstwerk

Meine elegant gezeichneten Blätter haben oftmals eine rote Unterseite, die du siehst, wenn sie horizontal wachsen und sich nachts nach oben zusammenklappen.

Mache es mir behaglich

Als Pflanze brasilianischer Tropenwälder mag ich indirektes Licht und viel Luftfeuchtigkeit. Meine Färbung wird intensiver, wenn ich keine volle Sonne abbekomme. Du kannst meinen Lebensraum nachempfinden, wenn du mich mit anderen Pflanzen auf nasse Kiesel stellst.

Vermehre mich

Mich zu vermehren ist leicht. Schneide einen Triebsteckling unterhalb eines Blatts ab und stecke ihn in ein wassergefülltes Glas, bis er Wurzeln austreibt. In frische Erde gepflanzt wird er rasch einwachsen.

Ich blühe nur ganz selten

Ich öffne in freier Natur hoch über meinen Blättern zarte, rosaweiße Röhrenblüten an langen Stängeln. Als Zimmerpflanze blühe ich allerdings fast nie.

MIMOSE

Mimosa pudica

Als ich zum ersten Mal gesehen habe, wie dieses Gewächs seine Blätter faltet, war ich völlig von den Socken. Wie unpflanzenhaft, als käme es aus einer anderen Welt! Die Mimose erinnert uns immer wieder daran, welche Wunder die Natur hervorbringt. Als Zierpflanze entwickelt sie eine beruhigende, charaktervolle Präsenz.

{ »Ich bin ein **magisches Wesen,** denn ich reagiere auf **Berührung«** }

Hilf mir zu gedeihen

STANDORT
Verträgt keine volle Sonne und keine Temperaturen unter 13 °C. Ideal ist ein Raum mit hoher Luftfeuchtigkeit, etwa ein Badezimmer.

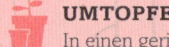

UMTOPFEN
In einen geringfügig größeren Topf mit Tonsubstrat umsetzen, sobald Wurzeln aus dem Abzugsloch oder dicht gedrängt am Ballenrand wachsen.

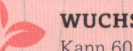

WUCHS
Kann 60 cm hoch und ebenso breit werden. Höhere Triebe müssen eventuell mit einem Stock gestützt oder herausgeschnitten werden.

PFLEGE
Substrat immer gleichbleibend feucht halten. Im Sommer monatlich einen Flüssigvolldünger verabreichen.

Ich bewege mich

Ich habe eine enorme Aura, denn ich schließe meine Blätter, wenn du sie berührst oder schüttelst oder wenn sich die Temperatur schnell ändert. Dank dieser typisch tierischen und menschlichen Eigenschaft entwickelst du eine emotionale Beziehung zu mir.

Vermehre mich

Ich lasse mich leicht durch halbreife Stecklinge vermehren, die du im Sommer oder Herbst von frischen diesjährigen Trieben abschneidest. Setze sie in Saaterde, sodass sie ein kräftiges Wurzelsystem entwickeln.

Ich wirke entspannend

Ich wachse niedrig und ausladend. Meine feingliedrigen, farnartigen Blätter bereichern Räume durch ihre weiche, ruhige Textur. Mein lebendiges, dunkelgrünes Laub gibt dir wieder Kraft und Schwung, wenn du dich ausgelaugt fühlst.

Behandle mich gut

Es macht zwar Spaß, mir zuzusehen, wie ich mich bei Berührung zusammenfalte, doch schwächt mich das. Versuche also, diesen Mechanismus nicht zu oft auszulösen, und dünge mich, damit ich bei Kräften bleibe.

Ich blühe selten

In meiner brasilianischen Heimat öffne ich rosa oder hellviolette, bauschige Blütenbälle. Als Zimmerpflanze blühe ich aber kaum.

VORSICHT: Ich bin bei Verzehr giftig. Halte Haustiere und Kinder fern von mir.

GROSSES FENSTERBLATT

Monstera deliciosa

Diese stattliche Pflanze bringt die exotische Aura und die luftreinigenden Eigenschaften des südamerikanischen Regenwaldes in Ihr Heim. Der botanische Name *Monstera* spricht für sich – er bezieht sich auf die gigantischen Blätter.

{ »Meine riesigen **Blätter** verbreiten Regenwaldflair« }

Hilf mir zu gedeihen

STANDORT
Ein mäßig heller Platz mit gefiltertem, indirektem Licht und Platz zum Wachsen. Bei zu viel Licht können die Blätter gelb werden.

UMTOPFEN
Anfangs jährlich umtopfen, ältere Pflanzen nur noch, wenn der Ballen durchwurzelt ist. Nährstoffreiche Topferde mit Rindenmulch verwenden.

WUCHS
Kann bis zu 3 m hoch und 75 cm breit werden. Legt jährlich etwa 30 cm zu. Längere Triebe müssen gegebenenfalls gestützt werden.

PFLEGE
Im Frühjahr und Sommer wässern, wenn das Substrat auszutrocknen beginnt. Monatlich düngen. Im Winter spärlicher gießen.

Halte mich sauber

Mein glänzendes Laub ist ein vorzüglicher Staubfänger. Du kannst es säubern, indem du es vorsichtig mit einem feuchten Tuch abwischst, damit es seine kräftige Farbe behält und besser atmen kann.

Vermehre mich

Du kannst mich vermehren, indem du einen meiner älteren Triebe unterhalb einer Luftwurzel (das ist eine Wurzel, die oberirdisch wächst) abschneidest und in feuchte, durchlässige Zimmerpflanzenerde setzt, wo er einwurzeln kann.

Ich reinige die Luft

Wegen meiner riesigen Blätter habe ich eine sehr große Oberfläche, die Kohlendioxid aus der Luft aufnehmen und Sauerstoff an sie abgeben kann. Damit bin ich ein guter Sauerstoffspender für die Wohnung.

Lerne mich kennen

Ich lebe halbepiphytisch, kann also selbstständig wachsen, mich aber auch an anderen Pflanzen festhalten. Bekomme ich nicht genug Licht, wachsen meine neuen Triebe zum Dunkeln hin. Das nennt man negativen Phototropismus – damit finde ich im Regenwald den Schatten von Bäumen, an denen ich hochklettern kann.

VORSICHT: **Lass keine Haustiere und Kinder an mir knabbern, denn ich bin giftig.**

SCHWERTFARN

Nephrolepis exaltata

Mit seinen erfrischend grünen Wedeln gehört der Schwertfarn schon seit dem 19. Jahrhundert zu den beliebtesten Zimmerpflanzen überhaupt. Die feuchtigkeitsliebende Pflanze hat zahlreiche Vorzüge: Sie belebt dunkle Ecken, lockert öde Räume auf und verbessert die Luftqualität drastisch.

»Meine Wedel verbreiten **Gelassenheit** und **reinigen** die Luft«

Hilf mir zu gedeihen

STANDORT
Braucht gefiltertes Licht und gedeiht in warmen Räumen mit hoher Luftfeuchtigkeit. Im Winter nicht kühler als 10 °C, im Sommer höchstens 25 °C.

UMTOPFEN
In die nächstgrößere Topfgröße umsetzen, sobald Wurzeln durch die Abzugslöcher oder am Ballenrand spiralig wachsen. Durchlässige Erde.

WUCHS
Kann bis zu 60 cm hoch und breit werden. Alte, verfärbte Wedel am Ansatz abschneiden, damit sich frischer Wuchs bilden kann.

PFLEGE
Erde feucht halten. Mit Regen- oder destilliertem Wasser gießen. Bei Temperaturen unter 15 °C erst wässern, wenn oberstes Ballendrittel trocken.

Ich entgifte die Luft

Ich verhindere, dass du am Sick-Building-Syndrom erkrankst, da ich Gifte wie Formaldehyd und Xylol, die man oft in Baumaterialien und neuen Wohnungen findet, aus der Luft filtere. Das Syndrom kann durch einen Aufenthalt in Gebäuden ausgelöst werden und äußert sich u. a. in Kopfschmerzen und Atemwegsproblemen.

Vermehre mich

Halte Ausschau nach Babypflanzen, also Ausläufern. Sie bilden sich am Topfrand. Lass sie wachsen, bis sie etwa 5 cm hoch und gut entwickelt sind, dann schneide sie ab und setze sie in ein Pflanzgefäß mit Zimmerpflanzenerde.

Halte mich in Schuss

Halte meine Wedel sauber, damit sie Licht besser absorbieren können. Chemische Blattreiniger vertrage ich allerdings nicht gut, denn ich bin recht sensibel – dusche mich lieber ab. Und drehe mich häufig, damit ich symmetrisch wachse.

Ich beruhige dich

Pflanze mich in eine Blumenampel oder stelle mich auf einen Sockel, wo meine Wedel wie eine Kaskade überhängen können. So entsteht ein reizvoller Trauerweideneffekt, der mir eine sanfte, beruhigende Präsenz verschafft.

Mach es mir behaglich

Ich mag es warm und feucht. Deshalb fühle ich mich in Bädern und Küchen wohl. In anderen Räumen solltest du mich oft besprühen oder einen Luftbefeuchter aufstellen.

SCHMETTER-LINGSORCHIDEE

Phalaenopsis

Sie ist meine Lieblingsorchidee. *Phalaenopsis* ist griechisch und bedeutet »nachtfalterartig«. Tatsächlich ähneln die Blüten fliegenden Schmetterlingen. Sie sitzen an langen Trieben, die sich zwischen zungenähnlichen Blättern hervorschieben. Die Blüte dauert Monate.

> »Ich blühe wie ein **Weltmeister** und reinige **die Luft** gründlichst«

Ich binde Gifte

Ich sorge für gesunde Atemluft, weil ich Formaldehyd aus der Atmosphäre filtere, das von manchen Holzverbundstoffen freigegeben wird. Außerdem binde ich Xylol und Toluol, das in Farben, Universalverdünnern und Lacken enthalten ist. Studien zufolge gehöre ich zu den besten luftreinigenden Pflanzen.

Pflege mich gut

Halte meine Blätter staubfrei, indem du sie gelegentlich mit einem feuchten Tuch abwischst. So bekommen sie möglichst viel Licht und sehen gut aus. Weil ich aus Südostasien stamme, mag ich außerdem hohe Luftfeuchtigkeit. Besprühe mich deshalb regelmäßig mit Regenwasser.

Hilf mir zu gedeihen

STANDORT
Bevorzugt helles, gefiltertes Licht und einen warmen Raum mit Zentralheizung und mindestens 19 °C. Im Sommer schattiger stellen.

UMTOPFEN
Pflanze im Frühjahr in nächstgrößeren Topf mit Orchideenerde setzen, falls sie mindestens 2 Jahre in derselben Erde war oder der Topf zu klein wird.

WUCHS
Möglich sind Höhen zwischen 15 cm und 1 m sowie eine Breite von 20–30 cm. Auch die Wachstumsgeschwindigkeit ist unterschiedlich.

PFLEGE
Nur wässern, wenn das Substrat austrocknet. In der Wachstumsphase alle 2 Wochen Orchideendünger geben. Beides im Winter reduzieren.

Erfahre etwas über mich

Als Epiphytin hole ich mir Wasser und Nährstoffe aus der Luft. Deshalb bilde ich oft Luftwurzeln, die aus dem Ballen herauswachsen. Schneide sie auf keinen Fall ab! Ich werde oft in durchsichtigen Töpfen verkauft, denn meine Wurzeln wachsen zum Licht und unterstützen damit die Fotosynthese.

Meine Blüten halten lange

Ich kann zu jeder Jahreszeit blühen, manchmal bis zu dreimal jährlich – und jedes Mal etwa drei Monate lang. Nach dem Verblühen schneidest du den Blütentrieb bis zur größten Knospe zurück. Dann blühe ich vielleicht noch einmal.

Vermehre mich

Manchmal bilde ich an meinem Ansatz oder entlang des Blütentriebs Minipflanzen. Sie werden *keiki* oder Kindel genannt und bilden Wurzeln. Sobald die Kindel mehrere Wurzeln haben, kann man sie entfernen und in einen separaten Topf pflanzen.

HERZBLÄTTRIGER PHILODENDRON

Philodendron cordatum

Die Pflanze ist in den meisten Haushalten gut aufgehoben. Man kann sie entweder als kletternde Zimmerpflanze ziehen oder hängend wachsen lassen, was sehr elegant und beruhigend wirkt. Die hübschen herzförmigen Blätter reinigen obendrein die Luft.

{ »Ich bin **vielseitig** und kann hängend oder **kletternd** wachsen« }

Hilf mir zu gedeihen

STANDORT
Braucht reichlich Raum zum Wachsen an einem halbschattigen Platz ohne direkte Sonne. Nicht kühler als 15 °C stellen.

UMTOPFEN
Umtopfen, sobald die Wurzeln aus dem bestehenden Topf zu ragen beginnen, am besten im Frühsommer. Universalerde verwenden.

WUCHS
Kann unter günstigen Bedingungen gut gedeihen und rasch wachsen – in geschlossenen Räumen sind 3 m lange Triebe möglich.

PFLEGE
Während der Wachstumsphase Substrat feucht halten. Mit lauwarmem Wasser gießen und monatlich düngen. Im Winter weniger wässern.

Ich halte deine Atemluft sauber

Ich kann Asthmasymptome lindern, weil ich giftiges Formaldehyd aus der Luft filtere und Sauerstoff abgebe. Formaldehyd wird von Holzwerkstoffen freigesetzt und kann sich in geschlossenen Räumen anreichern.

Behandle mich gut

Bekomme ich zu wenig Nährstoffe, wird mein Laub hellgrün und gelb. Ich mag es, wenn ich gelegentlich besprüht und abgestaubt werde.

Du kannst mich erziehen

Wenn du mich zu einer großen Pflanze heranwachsen lassen möchtest, kannst du mich an einer Moossäule hochziehen. Du kannst mich aber auch in eine Blumenampel oder einen Topf auf einem hohen Regal setzen und hängend wachsen lassen.

Vermehre mich

Ich lasse mich leicht durch Triebstecklinge mit einigen Sprossknoten vermehren. Stelle die Stecklinge ins Wasser, bis Wurzeln aus den Knoten wachsen, und pflanze sie dann in gut durchlässige Topferde.

Ich mag Sommerfrische

Ich genieße einen Sommerurlaub im Garten, doch solltest du dort einen schattigen Platz für mich wählen. Im Gegensatz zu anderen Zimmerpflanzen vertrage ich den Wechsel zwischen drinnen und draußen problemlos.

VORSICHT: Ich bin bei Verzehr giftig. Halte Kinder und Haustiere von mir fern.

BLAUER HAAR-SÄULENKAKTUS

Pilosocereus azureus

Der in Brasilien beheimatete Kaktus bildet Säulen in Türkisblau mit goldgelben Dornen. In seiner natürlichen Umgebung wird er groß, doch weil er relativ langsam wächst, eignet er sich ausgezeichnet als beruhigende, verlässliche Zimmerpflanze mit kühler Ausstrahlung.

»Ich bin **einfach und klar** und werde dich lange begleiten«

Hilf mir zu gedeihen

STANDORT

Wächst am besten an einem vollsonnigen, warmen Platz mit mindestens 20 °C. Sollte nicht kühler als 15 °C stehen.

UMTOPFEN

Kakteenerde verwenden. Kakteen sehen in Tontöpfen immer am besten aus. Zudem ist Ton schwer und verhindert, dass die Pflanzen umkippen.

WUCHS

Wird nach einiger Zeit 30 cm hoch, kann unter optimalen Bedingungen aber eine Höhe von über 1 m erreichen.

PFLEGE

Im Frühjahr und Sommer wöchentlich mit Regen- oder destilliertem Wasser gießen, aber Staunässe vermeiden. Im Winter wenig wässern.

Ich bin ein treuer Freund

Langlebigkeit und Robustheit sind meine größten Vorzüge. Ich bin leicht zu kultivieren und wachse moderat. Wenn du willst, begleite ich dich jahrelang und werde fester Bestandteil deiner Familie. Hüte dich aber vor meinen Dornen und halte Kleinkinder fern von mir.

Präsentiere mich

Stelle mich an einen gut sichtbaren Platz. Mit meinem Blauton und dem säulenartigen Wuchs werde ich zum Blickfang und Gesprächsstoff von Besuchern.

Aus meinen Blüten reifen fleischige Früchte.

Freu dich auf die Blüten

Wenn ich ein bisschen älter und etwa 1 m hoch bin, blühe ich vielleicht jedes Jahr. Meine Blüten sind weiß, haben einen goldgelben Schlund und ein grünweißes Staubblatt. In Brasilien bestäuben mich Fledermäuse und Schwärmer, bei dir zu Hause allerdings besucht mich höchstens die eine oder andere Fliege.

Ich wirke beruhigend

Blau strahlt Gelassenheit und Beschaulichkeit aus. Es lässt dich zu innerer Ruhe kommen. Da ich volle Sonne bevorzuge, werde ich umso blauer, je mehr Licht ich abbekomme. Im Alter werde ich dunkler.

Ich bin leicht zu pflegen

Heiße Fensterbänke und längere Vernachlässigung stecke ich weg, aber wenn du mich zu stark wässerst, werden meine Stämme matschig und gelb. Ich eigne mich gut für Einsteiger und kann sie für das Sammeln vieler schöner Sorten in allen möglichen Formen und Größen begeistern.

USAMBARA-VEILCHEN

Saintpaulia-Hybriden

Meine Oma hat diese reizenden Pflänzchen kultiviert – ihre Fensterbänke waren voll davon. Deshalb wusste ich immer, was ich ihr schenken konnte. Usambaraveilchen sind pflegeleicht und belohnen uns ganzjährig mit Blüten. Die Palette der Sorten und Farben ist immens.

Ich hebe deine Laune

Ich kann zwar das ganze Jahr blühen, doch meistens findet die Blüte zwischen Oktober und März statt – ich bringe also Farbe und Wärme in die kalten Monate. Meine Blüten sind meistens dunkelviolett, was als Mischung aus Rot und Blau das ideale Gleichgewicht zwischen belebend und beruhigend ist.

{ »Ich bin ein **bezauberndes** kleines Blühwunder« }

Hilf mir zu gedeihen

STANDORT
Braucht Wärme, hohe Luftfeuchtigkeit und Temperaturen über 15 °C. Direkte Sonne vermeiden, im Winter an den hellstmöglichen Platz stellen.

UMTOPFEN
Mindestens einmal im Jahr umtopfen, aber im selben Pflanzgefäß lassen, da bei verdichtetem Wurzelraum mit besserer Blüte zu rechnen ist.

WUCHS
Die meisten Hybriden sind relativ klein und wachsen langsam. Usambaraveilchen werden selten höher und breiter als 15 cm.

PFLEGE
Vor dem Wässern jedes Mal austrocknen lassen. Alle 14 Tage kalium- und phosphatreichen Dünger verabreichen. Im Winter weniger gießen.

Lerne mich kennen

Ich bin gar kein Veilchen, werde aber so genannt, weil meine Blüten auffallend Veilchen ähneln. Meine Heimat sind die Usambara-Berge im ostafrikanischen Tansania. In freier Natur komme ich nicht nur im Tropenklima vor, sondern auch in Bergregionen, wo ich geschützt unter anderen Pflanzen wachse.

Meine Blüten sind eine Schau

Es gibt meine Blüten auch in Rosa, Weiß, Blau und Rot, ja, selbst in mehrfarbigen Varianten, etwa gestreift oder gerandet. Selbst gefüllte Formen sind von mir erhältlich. Am besten blühe ich, wenn ich täglich ungefähr 10 Stunden lang indirektes Licht bekomme.

Beim Wasser bin ich heikel

Ich brauche lauwarmes Wasser, denn kaltes versetzt mir einen Schock. Auch faule ich, wenn ich zu viel bekomme. Wässere mich von unten und lass mich nie im Nassen stehen. Zwischen dem Gießen muss meine Erde austrocknen, das animiert mich zum Blühen. Und: kein Wasser auf mein Laub!

Vermehre mich

Vermehre mich mit Blattstecklingen, an denen du den Blattstiel stehen lässt. Schneide das obere Ende des Blatts ab, damit es schneller einwurzelt, und setze es in Aussaat- bzw. Stecklingserde. Es können sogar mehrere Pflänzchen entstehen. Sind sie groß genug, kommen sie in Universalerde.

SCHWIEGER-MUTTERZUNGE

Sansevieria trifasciata

Eine zähere Zimmerpflanze wird man kaum finden: Sie braucht kaum Pflege, steckt Vernachlässigung weg und reinigt die Luft. Mit ihrem interessanten Wuchs, den aufrechten, schwertförmigen Blättern und der ungewöhnlichen Blattzeichnung lässt sie Sorgen vergessen.

»Ich bin ein **pflegeleichter** Asket und ein Genuss für **Einsteiger**«

Hilf mir zu gedeihen

STANDORT
Gedeiht in der Sonne, verträgt aber auch etwas Schatten. Kommt in Räumen mit trockener Luft ebenso zurecht wie mit feuchter.

UMTOPFEN
Sobald die Wurzeln durch das Abzugsloch oder am Ballenrand im Kreis wachsen, in einen etwas größeren Topf mit durchlässiger Erde setzen.

WUCHS
Wächst langsam, aber schneller, wenn man das Substrat regelmäßig austauscht. Kann bis zu 1,2 m hoch und 50 cm breit werden.

PFLEGE
Substrat zwischen dem Wässern austrocknen lassen. Je einmal im Frühjahr und Sommer Flüssigdünger verabreichen. Blätter staubfrei halten.

Ich entgifte die Luft

Ich binde Trichlorethylen, eine gesundheitsschädliche Verbindung, die in entfettenden Haushaltsreinigern enthalten ist und in hoher Konzentration Übelkeit verursachen kann. Außerdem nehme ich nachts Kohlendioxid auf und gebe Sauerstoff ab.

Vermehre mich

Brich ein gesundes, 5 cm langes Blatt ab und stecke das untere Ende in stark durchlässiges, kiesiges Substrat oder Wasser. Ich lasse mich auch durch Teilen vermehren. Dazu nimmst du mich aus dem Topf und ziehst den Ballen auseinander.

Du kannst mich vernachlässigen

Ich brauche äußerst wenig Zuwendung und vertrage es, wenn man mich links liegen lässt – nicht aber, wenn man mich zu stark wässert. Lass meinen Ballen zwischen dem Gießen daher immer austrocknen. Stehe ich zu nass, fault mein Laub.

Ich schütze dich

Im Feng Shui schreibt man mir eine stark schützende Wirkung zu. Aufgrund der strahligen, spitzen Blätter bewahre ich vor negativem *chi*, heißt es. Das wird mitunter aber auch als aggressive Energie interpretiert, weshalb manche finden, ich sollte nicht an belebten Orten stehen.

VORSICHT: Ich verursache bei Verzehr Übelkeit und Erbrechen.

PFLANZEN, UM KREATIV ZU WERDEN

Kaum etwas ist inspirierender als die Natur mit ihren Wundern. Die Ehrfurcht gebietende Vielfalt und Komplexität der Formen, aber auch das immense Spektrum der Farben beflügelt die Kreativität und öffnet den Geist für die unendlichen Möglichkeiten der Fantasie.

◂ Samtpflanze

Gynura aurantiaca

Mit ihrer violetten Blattbehaarung, die zu leuchten scheint, wirkt diese Pflanze fast übernatürlich. Sie animiert dazu, über den Tellerrand hinauszudenken und einmal neue Wege zu gehen. So bringt sie den Geist in Schwung, beflügelt die Kreativität und weckt die Neugier. *Siehe S. 90–91*

◂ Königs-Begonie

***Begonia rex* (Sorten)**

Die ausgefeilten Blattzeichnungen sehen fast wie von Hand gemalt aus. Durch die zusammenfließenden Farben werden Gedankenmuster nachempfunden, was zu unerwarteten Erkenntnissen führt. Auch die markanten Blattformen inspirieren zu zündenden Ideen. *Siehe S. 46–47*

Erbsenpflanze ▸

Curio rowleyanus

Wie ein Wasserfall ergießen sich die grünen Blattperlen dieser Pflanze über die Topfränder. Dieser Anblick beruhigt und gibt zugleich den Gedanken Nahrung. Weil Ruhe und Kreativität in einem Zustand innerer Ausgeglichenheit der ideale Nährboden für neue Ideen sind, regt die Erbsenpflanze den Geist an und befeuert die Fantasie. *Siehe S. 64–65*

◂ Schmetterlings-orchidee

Phalaenopsis

Ihre Blüten ähneln, wie der Name schon sagt, in der Bewegung erstarrten Schmetterlingen. Und so wie ein Falter hin und her flattert, so können Ideen in unserem Gehirn hin und her fliegen, bis wir schließlich die besten finden – oder wir uns zu kreativen Höhen aufschwingen.

Siehe S. 112–113

Manchmal überrascht die Pfeilwurz mit ihren seltenen, zarten Blüten.

Bunte Pfeilwurz ▸

***Maranta leuconeura* 'Fascinator Tricolor'**

In dieser persönlichkeitsstarken Pflanze spiegelt sich der tägliche Kreislauf der menschlichen Existenz: Sie schließt sich nachts und öffnet sich am Morgen wieder. Damit erinnert sie uns daran, dass wir gelegentlich innehalten und ruhen müssen, um wieder frisch ans Werk gehen und neue Ideen gebären zu können. *Siehe S. 104–105*

KLEINE STRAHLENARALIE

Schefflera arboricola 'Compacta'

Mit diesen Zwergbäumen für drinnen holen Sie sich einen Hauch von Natur ins Haus – und damit auch die ruhige Aura üppigen Grüns. Ihren Namen hat die Pflanze von der Form ihrer Blätter bekommen, die aus fünf bis neun strahlig verteilten Blättchen bestehen.

{ »Meine Blätter bringen **ein Strahlen** in Regentage« }

Hilf mir zu gedeihen

STANDORT
An einen hellen Platz mit gefiltertem oder indirektem Licht stellen. Mindesttemperatur 10 °C. Wöchentlich drehen, damit der Stamm gerade wächst.

UMTOPFEN
Alle 3 Jahre im Frühjahr in einen Topf der nächsten Größe umsetzen. Durchlässige Topferde verwenden, da Staunässe tödlich ist.

WUCHS
Wird als Zimmerpflanze für gewöhnlich 1–2 m hoch, kann aber geschnitten werden, um die gewünschte Höhe zu bekommen.

PFLEGE
Moderat gießen, vor allem im Winter. Vor jedem Wässern Substratoberfläche austrocknen lassen. Im Sommer monatlich düngen.

Ich bin symbolbeladen

Im Feng Shui heißt es, mein Laub fange positive Energie und Reichtum ein. Und die Schirmform der Blätter schützt angeblich vor negativen Energien. Deshalb stehe ich oft in Büros und Restaurants.

Halte Ausschau nach meinen Blüten

Als Zimmerpflanze habe ich große Schwierigkeiten zu blühen. Wenn ich es aber doch einmal schaffe, was meist im Sommer der Fall ist, dann darfst du dich über rote, rosa oder weiße Blüten freuen, die wie Tentakel geformt sind. Bekomme ich so viel Sonne wie möglich, stehen die Chancen, dass ich blühe, besser.

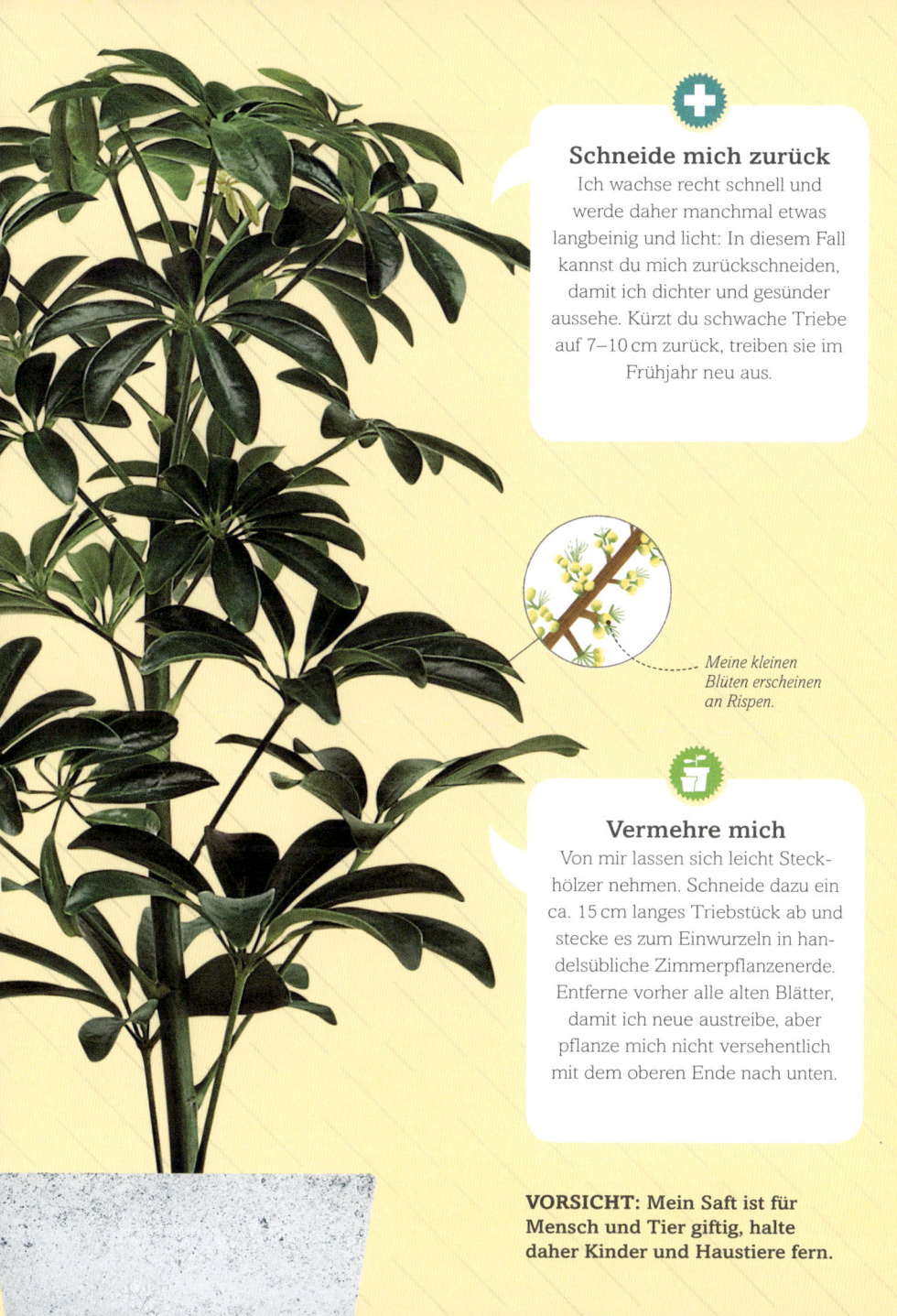

Schneide mich zurück

Ich wachse recht schnell und werde daher manchmal etwas langbeinig und licht: In diesem Fall kannst du mich zurückschneiden, damit ich dichter und gesünder aussehe. Kürzt du schwache Triebe auf 7–10 cm zurück, treiben sie im Frühjahr neu aus.

Meine kleinen Blüten erscheinen an Rispen.

Vermehre mich

Von mir lassen sich leicht Steckhölzer nehmen. Schneide dazu ein ca. 15 cm langes Triebstück ab und stecke es zum Einwurzeln in handelsübliche Zimmerpflanzenerde. Entferne vorher alle alten Blätter, damit ich neue austreibe, aber pflanze mich nicht versehentlich mit dem oberen Ende nach unten.

VORSICHT: Mein Saft ist für Mensch und Tier giftig, halte daher Kinder und Haustiere fern.

SCHEIDENBLATT

Spathiphyllum 'Mauna Loa'

Nicht ohne Grund nennt man sie auch Friedenslilie: Sie strahlt viel positive, ruhige Energie aus, die entspannt und die Stimmung hebt. Zudem blüht sie zuverlässig, ist unkompliziert und ein guter Luftreiniger. Der Kontrast zwischen dem dunklen, glänzenden Laub und den weißen Blattscheiden bringt Eleganz in jedes Ambiente.

»Ich bringe dich zur **Ruhe** und **entgifte** deine Atemluft«

Hilf mir zu gedeihen

STANDORT
Bevorzugt warme, feuchte Bedingungen ohne direkte Sonne und ist daher ideal für schattige Winkel. Mindesttemperatur 15 °C.

UMTOPFEN
Umtopfen, sobald die Wurzeln durch die Abzugslöcher wachsen oder sich am Ballenrand kringeln. Universalerde verwenden.

WUCHS
Eine wüchsige und doch kompakte Pflanze, die bis zu 1 m hoch und 60 cm breit werden kann, aber bei wenig Licht langsamer wächst.

PFLEGE
Erst wässern, wenn die Oberfläche des Ballens trocken ist. Im Sommer regelmäßig düngen. Im Winter Substrat nur leicht feucht halten.

Ich entgifte die Luft

Mit meinen großflächigen Blättern filtere ich die Zimmerluft sehr wirkungsvoll. Ich hole große Mengen Benzol, Formaldehyd, Trichlorethylen und Ammoniak aus ihr heraus und reichere sie gleichzeitig mit Sauerstoff an, sodass dein Kopf klar bleibt.

Lerne mich kennen

Mein botanischer Name setzt sich aus dem griechischen *spath*, »Scheide«, und *phyl*, »Blatt«, zusammen, denn meine Blütenscheide, also das weiße Hochblatt, sieht wie ein Blatt aus. Es schützt die eigentlichen Blüten, die wie winzige Noppen an einem Kolben sitzen.

Mache es mir angenehm

Als Südamerikanerin mag ich Wärme und hohe Luftfeuchtigkeit. Trockene Luft lässt meine Blätter schrumpelig werden. Besprühe mich deshalb regelmäßig oder stelle mich auf eine Schale mit nassem Kies.

Ich bin symbolträchtig

Man kennt mich als Friedensbringer, denn meine Blütenscheide sieht wie eine weiße Flagge aus. Außerdem bin ich ein vorzügliches Geschenk für jemanden, der gerade schwere Zeiten durchmacht.

Kümmere dich um mich

Ich blühe reichlich und vertrage sogar tiefen Schatten. Allerdings blühe ich nicht, wenn ich wenig Licht bekomme, denn dann fehlt mir wegen der geringen Fotosynthese die Energie, um Blüten zu bilden. Umgekehrt deuten gelb werdende Blätter darauf hin, dass es mir zu hell ist.

VORSICHT: **Ich bin für Mensch und Tier bei Verzehr gesundheitsschädlich.**

KRANZSCHLINGE

Stephanotis floribunda

Ich kann mich noch daran erinnern, als ich das erste Mal den Duft der Kranzschlinge gerochen habe. Er hat mich zum Lächeln gebracht – und das geht mir heute noch so, wenn ich ein Exemplar auch nur sehe. Die hübsche Kletterpflanze mit ihren glänzend grünen Blättern und sternförmigen Blüten wird oft an einem Reifen gezogen als lebender Kranz verkauft.

»Mein **himmlischer Duft** hebt deine Stimmung«

Mein Duft entspannt dich

Meine süß duftenden Blüten erfüllen ganze Räume mit ihrem Wohlgeruch. Er kann sich positiv auf unsere Stimmung auswirken und Stress lindern, den Schlaf fördern sowie die körperliche und kognitive Leistungsfähigkeit erhöhen.

Hilf mir zu gedeihen

STANDORT
Gedeiht am besten in gutem, indirektem Licht ohne volle Sonne. Braucht im Sommer mindestens 17 °C und im Winter wenigstens 13 °C.

UMTOPFEN
Umtopfen, sobald die Wurzeln durch das Abzugsloch wachsen oder sich am Ballenrand kringeln. Gut durchlässiges Substrat verwenden.

WUCHS
Die langsam wachsende Kletterpflanze erreicht in einem 20-cm-Topf eine Höhe von 1–2 m und wird etwa 50 cm breit.

PFLEGE
Während der Vegetationsphase regelmäßig wässern und alle 2–3 Wochen düngen. Im Winter weniger gießen. Ganzjährig besprühen.

Lerne mich kennen

Mein botanischer Name ist vom griechischen *stephanos*, »Krone, und *otos*, »Ohr«, abgeleitet und bezieht sich auf die Form meiner Blüten sowie die Stempel in den Blüten, die ein wenig Ohren ähneln. Kranzschlinge werde ich genannt, weil ich mit meinen makellos weißen Blüten sehr gerne in Brautkränzen und -sträußen verwendet werde.

Vermehre mich

Schneide im Juni einen 10 cm langen Trieb ab und entferne von den unteren 2–3 cm die Blätter. Tauche das untere Ende in Bewurzelungshormon und stecke es in durchlässige Erde. Dann stülpst du eine halbierte Plastikflasche darüber, die für hohe Luftfeuchtigkeit sorgt.

Mache es mir behaglich

Man kann mich freistehend im Topf, hängend in einer Blumenampel oder kletternd an einer Stütze ziehen – ich bin da flexibel! Stelle mich nur dorthin, wo du mich oft besprühen kannst.

Hilf mir zu blühen

Damit ich blühe, solltest du mich im Frühjahr und Sommer alle 2–3 Wochen mit einem kaliumreichen Tomatendünger verwöhnen. Auch ein kühler Platz im Winter und ein warmer im Sommer sowie ein Schnitt nach der Blüte regen meine Blühwilligkeit an.

DREHFRUCHT

Streptocarpus (Sorten)

Die Drehfrucht spielt in einer wesentlich höheren Zimmerpflanzenliga, als ihre Größe es glauben macht. Nicht ohne Grund: Ihre bezaubernden Blüten sind ein endloser Quell der Freude. Weil es sie in vielen Sorten und Farben gibt, kann man sie regelrecht sammeln – und mit den schönsten Exemplaren sogar Wettbewerbe gewinnen!

Ich mache dich froh

Mit meinen farbenfrohen, trompetenförmigen Blüten bringe ich Frohsinn in deinen Tag. Mich gibt es in Violett, Blau, Rosa, Rot und Weiß, ja, sogar in zweifarbigen Formen mit kontrastierenden oder dunkleren Adern, die meinen Blütenfarben noch mehr Tiefe geben.

{ »Ich zeige meine **hübschen Blüten** sehr häufig« }

Hilf mir zu gedeihen

STANDORT Gedeiht an einem hellen Platz mit gefiltertem Licht, vor allem im Frühjahr und Sommer. Verträgt keine Temperaturen weit über 21 °C.

UMTOPFEN Blüht besser, wenn die Wurzeln eng im Topf sitzen, daher im Frühjahr nur umtopfen, wenn der Ballen stark verdichtet ist. Blumenerde verwenden.

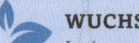

WUCHS Ist in zwei Gruppen erhältlich: Rosettenformen können 25 cm hoch und 50 cm breit werden, gestielte Formen 40 cm hoch und 70 cm breit.

PFLEGE Von Frühjahr bis Herbst gut wässern, Ballen im oberen Teil aber jedes Mal austrocknen lassen. Im Winter weniger wässern, leicht feucht halten.

Lerne auch meine Blätter schätzen

Nicht nur die Blüten sind ein stilvolles Pflanzendekor für deine Wohnung, auch meine langen, samtigen Blätter steuern Textur und Farbe bei. Behandle sie gut, denn sie reißen leicht. Schneide verletztes Laub ab – ich vertrage das schon.

Lerne mich kennen

Mein botanischer Name setzt sich aus den griechischen Wörtern *strepos*, »gedreht«, und *karpos*, »Frucht«, zusammen, denn meine langen Früchte wachsen gedreht. Du solltest sie aber gar nicht erst reifen lassen, denn sie verbrauchen viel Energie, was auf Kosten der Blüte geht.

Halte mich am Blühen

Unter Idealbedingungen blühe ich fast das ganze Jahr. In meiner natürlichen Umgebung wachse ich zwar auf Waldböden, doch brauche ich trotzdem viel Licht für die Fotosynthese und blühe daher in einem hellen Fenster mit indirektem Licht am besten. Schneide Verblühtes ab.

Vermehre mich

Schneide im Frühjahr oder Frühsommer gesunde frische Blätter aus meiner Mitte heraus, zerteile sie mit einem Messer in 3–4 Abschnitte und stecke sie mit dem richtigen Ende nach oben in Universalerde. Wässere sie gut. An ihrem Ansatz werden bald neue Pflänzchen entstehen, die man separat eintopfen kann.

BLAUE TILLANDSIE

Tillandsia cyanea

Diese Pflanze aus den Regenwäldern von Ecuador sorgt in Ihrer Wohnung mit ihren überlappenden, fast neonrosa leuchtenden Hochblättern für einen echten Wow-Effekt. Sie halten monatelang, weshalb man die Tillandsie am besten dort platziert, wo man sie gut sieht.

Ich hebe deine Laune

Mein leuchtend rosa Blütenstand ist unübersehbar. Rosa wird als positive, quirlige, fröhliche Farbe empfunden, meine Blüten dagegen sind violett. Die Kombination aus Rosa und Violett hebt zuverlässig die Stimmung.

{ »Meine neonfarbenen **Hochblätter** bringen Räume zum Leuchten« }

Hilf mir zu gedeihen

STANDORT
Braucht einen warmen Raum mit 10–26 °C und hellem, indirektem Licht. Bevorzugt gute Luftzirkulation, daher in Fensternähe stellen.

WUCHS
Wächst für seine Größe relativ rasch. Erreicht 30 cm Höhe und 40 cm Breite, blüht allerdings erst nach etwa 3 Jahren.

UMTOPFEN
In nächstgrößeren Topf setzen, wenn Wurzeln aus dem Abzugsloch wachsen oder sich am Ballenrand kringeln. Bromelienerde verwenden.

PFLEGE
Von Spätfrühling bis Herbstmitte wässern, wenn das Substrat trocken ist. Monatlich Dünger in halber Dosis geben. Im Winter nicht düngen.

Vermehre mich

Ich bin monokarp, sterbe also nach der Blüte ab. Doch ich lebe über Tochterpflanzen weiter, die sich an meinem Ansatz bilden. Diese Kindel kann man abtrennen und separat in frische Topferde pflanzen.

Ich bin empfindlich

Drücke meinen Blütenstand nicht, denn ich speichere darin Wasser. Du bringst mich so buchstäblich zum Weinen, da »Tränen« an der Außenfläche erscheinen. Gieße mich mit Regen- oder destilliertem Wasser und nicht mit Leitungswasser.

Warte auf meine Blüten

Das Auffälligste an mir ist mein Blütenstand. Er besteht in Wirklichkeit aus dicht stehenden Hochblättern, also modifizierten Blättern, die bis zu 3 Monate ansehnlich bleiben und wesentlich länger halten als die eigentlichen Blüten. Diese bilden sich seitlich des Blütenstands, haben aber nur ein paar Tage Bestand.

Meine violetten Blüten öffnen sich nur kurze Zeit zwischen den Hochblättern.

Mach es mir behaglich

Ich bin eine Epiphytin und wachse in meinem natürlichen Lebensraum, dem Regenwald, auf Bäumen. Wasser und Nährstoffe hole ich mir aus der Luft. Als Zimmerpflanze fühle ich mich deshalb am wohlsten, wenn du mich nicht nur wässerst, sondern auch regelmäßig besprühst.

TILLANDSIEN

Tillandsia

Die Pflänzchen sind wahre Wunderwesen. Sie leben von Luft, brauchen weder Topf noch Erde und machen keinen Schmutz. Man kann sie überall ziehen: auf Regalen, einem Stück Treibholz oder als lebendes Mobile. Selbst in beengten Verhältnissen sorgen sie mit ihrem feuerwerksgleichen Laub für viel Schwung.

Lerne mich kennen

An meinen Blättern sitzen winzige Schuppen, Trichome genannt. Sie absorbieren Feuchtigkeit in der Luft und können sogar Staub aufnehmen und als Nährstoff verwerten. Mein Laub ist meist silbrig grün, doch gibt es auch rosa und violett getönte Formen.

{ »Ich bin ein **magisches Wesen** und lebe allein von Luft – und deiner Liebe« }

Hilf mir zu gedeihen

STANDORT
Gedeiht an hellen Standorten ohne direkte Sonne. Gute Durchlüftung und Luftfeuchtigkeit sind ideal, trockene Luft macht meine Spitzen braun.

UMTOPFEN
Nicht in Erde setzen, sondern aufhängen oder an einem Gegenstand befestigen. Bildet mit der Zeit Horste, die sich teilen lassen.

WUCHS
Tillandsien wachsen rasch und können 15–30 cm hoch werden. Sie bilden in relativ kurzer Zeit Ableger.

PFLEGE
In trockener Luft 2- bis 3-mal wöchentlich besprühen und 1-mal pro Woche einweichen (siehe nächste Seite). Monatlich Tillandsiendünger geben.

Vermehre mich

Nach dem Blühen sterbe ich ab. Zuvor bilde ich jedoch an meinem Ansatz Kindel, die man abnehmen und pflanzen kann, sobald sie halb so groß sind wie ich. Deshalb bin ich eine nie versiegende Quelle faszinierender Pflänzchen.

So fühle ich mich wohl

Ich stamme aus Mexiko und Costa Rica, bringe also Tropenflair in deine Wohnung. Mit Tillandsien ist kreatives Gestalten möglich. Du kannst mich beispielsweise in die Ritze eines Holzstücks drücken, in eine Muschel setzen oder mich mit Draht an einer Wand befestigen.

Achte auf meine Blüten

Wenn ich etwas älter werde, öffne ich exotische, farbenfrohe Blüten, meist in Rosa oder Violett. Sie erscheinen jährlich über dem kleinen Horst aus dünnen, spitzen Blättern und können klein, überraschend groß, lang und röhrenförmig sein. Fast wie ein Feuerwerk!

Weiche mich gut ein

Wässere mich gut, indem du mich wöchentlich etwa eine Stunde in zimmerwarmes Wasser tauchst, anschließend herausnimmst und umdrehst, damit überschüssiges Wasser abtropfen kann. Sitze ich auf einer Stütze, kannst du mich auch zwei, drei Mal die Woche besprühen – am besten mit Regenwasser –, bis das Wasser von mir abläuft.

ZEBRAKRAUT

Tradescantia zebrina

Das dekorative, vielseitige und robuste Zebrakraut macht gute Laune und ist obendrein kinderleicht zu pflegen. Mit seinen hängenden Trieben und den ungewöhnlich panaschierten, violett und silbrig gefärbten Blättern macht es in Blumenampeln viel her.

Ich bringe Leben in die Wohnung

In einer Blumenampel schwinge ich mich zu beeindruckender Präsenz auf. Ich ziehe die Blicke auf mich und belebe nüchterne Ecken. Mit meinem gestreiften Laub lockere ich harte Linien auf, bringe Wärme in Räume und hebe so deine Stimmung.

»Mein schönes **Laub** wird dich **verzaubern**«

Hilf mir zu gedeihen

STANDORT
Mag es vollsonnig, verträgt aber auch etwas Schatten und kann daher in einem Süd-, Ost- oder Westzimmer stehen. Die Temperaturen sollten nicht unter 17 °C liegen.

UMTOPFEN
Kleine Pflanzen jährlich im Frühjahr in nächstgrößeren Topf mit Universalerde umsetzen. Größere Exemplare wöchentlich düngen.

WUCHS
Wüchsige Hängepflanze. Die Triebe können 50 cm lang werden. Buschigen Wuchs durch regelmäßiges Abzwicken der Triebspitzen fördern.

PFLEGE
Im Sommer Substrat feucht halten. Im Winter Erde zwischen dem Wässern austrocknen lassen. Kann häufig oder selten gedüngt werden.

Vermehre mich

Du kannst mich ganz leicht vermehren, indem du ein 8 cm langes Triebstück von mir abschneidest, seine unteren Blätter entfernst, es in einen Topf mit Zimmerpflanzenerde steckst und wässerst. Nach 2–3 Wochen bildet es Wurzeln.

Achte auf meine Blüten

Wenn du Glück hast, überrasche ich dich mit dreizähligen rosa Blüten, allerdings blühe ich als Zimmerpflanze eher selten. In meiner mexikanischen Heimat hingegen öffne ich meine in Gruppen stehenden Blüten im Frühjahr und Sommer.

Ich trage rosaviolette Blüten mit drei Blütenblättern.

So bleiben meine Farben kräftig

An einem schattigen Platz verblassen die Farben meiner panaschierten Blätter, in hellem, gefiltertem Licht dagegen entwickle ich kräftige Silber-, Grün- und Violetttöne. Pralle Sonne dagegen vertrage ich nicht – sie versengt mein Laub.

VORSICHT: Mein Saft ist schwach giftig. Halte Kinder und Haustiere von mir fern und wasche die Hände nach Kontakt mit mir.

FLAMMENDES SCHWERT

Vriesea splendens

Schwer zu sagen, was mir an dieser Pflanze am besten gefällt: der Blütenstand mit den leuchtenden Hochblättern oder das Laub mit der getigerten Zeichnung. Auf jeden Fall machen diese ungewöhnlichen Merkmale das Flammende Schwert zu einem echten Showstar.

{ »Tagsüber **leuchte** ich, nachts lasse ich dich **durchatmen**« }

Hilf mir zu gedeihen

STANDORT
Steht am besten halbschattig. Braucht während des aktiven Wachstums Temperaturen um 18 °C. Im Winter nicht kühler als 15 °C stellen.

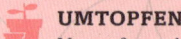

UMTOPFEN
Umtopfen, sobald der Ballen zu stark durchwurzelt ist. In ein Substrat aus gleichen Teilen Pflanzerde und Rindenmulch oder Perlit setzen.

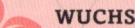

WUCHS
Die übergebogenen Blätter können 60 cm hoch und 45 cm breit werden. Die Pflanze wächst in der Regel nur langsam.

PFLEGE
Wasser in den Trichter füllen und alle 2 Wochen erneuern. Erde wässern, wenn sie trocken ist. Monatlich Flüssigdünger in den Trichter geben.

Ich helfe dir zu atmen

Als Mitglied der Bromelienfamilie gebe ich im Gegensatz zu vielen anderen Zimmerpflanzen nachts Sauerstoff ab. Deshalb eigne ich mich besonders gut für Schlafzimmer. Wenn du mich mit anderen Pflanzen in der Wohnung kombinierst, wirst du 24 Stunden am Tag mit Sauerstoff versorgt.

Vermehre mich

Ich bin monokarp, gehe also nach dem Verblühen allmählich ein und stecke meine Energie in die Bildung von Kindeln. Diese Minipflänzchen können abgenommen und in äußerst durchlässiges Substrat gesteckt werden. Du kannst sie aber auch an einem Stück Holz bzw. Treibholz befestigen, indem du den Wurzelballen in Kokosfasern packst, ein bisschen durchlässige Topferde dazugibst und alles mit dünnem Draht fixierst.

Meine eigentlichen Blüten sind klein, gelb und kurzlebig.

Genieße mein »Schwert«

Benannt bin ich nach dem schwertartigen Blütenstand mit Hochblättern in kräftigem Rot, Orange oder Gelb. Er enthält auch meine kleinen grüngelben Röhrenblüten. Die Hochblätter halten wochenlang.

Meine Laub hat viel Charakter

Mein Laub ist so ungewöhnlich wie meine Blütenstände. Mit meinen grün und dunkelviolett getigerten Blättern bin ich ein schickes Dekoelement für anspruchsvolle Inneneinrichtungen. Bilden sich braune Stellen, hat mich eventuell die Sonne verbrannt.

Verwöhne mich

In meiner südamerikanischen Heimat halte ich mich mit meinen Wurzeln an Felsen und Bäumen fest. Nährstoffe hole ich aus dem Wasser in meinem Trichter. Deshalb wässerst du mich am besten, indem du ihn mit Regenwasser füllst – wie in freier Natur!

RIESEN-PALMLILIE

Yucca elephantipes

Diese Yucca-Palme mit erfrischendem Grün ist ein unkomplizierter Hausgast – ein robustes Gehölz, das mit den meisten Standorten zurechtkommt, sofern es nicht zu kalt ist. Der architektonische Wuchs mit Stamm und palmartigem Blattschopf bringt einen Hauch Exotik in dein Heim.

»Ich reise mit dir in **paradiesische Tropenwelten**«

Genieße meine tropische Schönheit

Mit meinem dicken, holzigen Stamm und den schwertartigen Blättern setze ich in modernem Ambiente einen kraftvollen Akzent, ohne viel Platz in Anspruch zu nehmen. Weil ich wie eine Palme aussehe, verbreite ich eine Tropenwaldatmosphäre, die dich in Inselparadiese entführt.

Meine hohen Rispen mit Glockenblüten wachsen aus dem Blattschopf.

Hilf mir zu gedeihen

STANDORT
Bevorzugt volle Sonne. Verträgt zwar lichten Schatten, wächst dort aber langsamer und bekommt hellere Blätter. Hin und wieder drehen.

UMTOPFEN
Nicht oft umtopfen, da ihr Enge behagt. Sobald aber Wurzeln aus dem Abzugsloch wachsen, im Frühjahr umsiedeln. In tonige Pflanzerde setzen.

WUCHS
Langsam wachsende Pflanze, die nach 5 Jahren rund 1 m hoch und 30 cm breit wird. Kann mit der Zeit fast 2 m Höhe erreichen.

PFLEGE
Im Sommer mäßig wässern und immer erst, wenn die obersten 5 cm des Ballens ausgetrocknet sind. Im Winter kaum noch gießen.

Vermehre mich

Für Zuwachs sorgst du mit Ablegern, die sich am Stamm bilden, oder mit Triebstecklingen. Du brauchst einen mindestens 8 cm langen Steckling, von dem du nur die obersten Blätter stehen lässt. Tauche das untere Ende in Bewurzelungshormon und topfe ihn ein. Gewässert wird er, wenn die oberste Substratschicht trocken ist.

Pflege meine Blätter gut

Ich bin das, was die meisten unter Yucca-Palme verstehen. Meine Blätter sind spitz, aber nicht so stechend wie die meiner Verwandten im Freiland. Trotzdem können sie ins Auge stechen, halte also Kleinkinder und Haustiere von mir fern.

Meine Blüten sind ein Bonus

Meist werde ich wegen meiner strahligen Blätter und des markanten Stamms gezogen. Deshalb wirst du überrascht sein zu erfahren, dass ich auch blühe. Das passiert normalerweise nur in meiner Heimat Mexiko – als Zimmerpflanze trage ich selten Flor. Aber wenn, dann wirst du von meinen weißen Glocken mit süßem Duft begeistert sein.

Lass mich stabil stehen

Ich bin ziemlich kopflastig und sollte daher in einen hohen, schweren Kübel gepflanzt werden, der mir Standfestigkeit gibt. Eine beeindruckende Pflanze wie ich braucht außerdem einen nicht minder beeindruckenden Topf, der mich angemessen in Szene setzt.

VORSICHT: Ich bin bei Verzehr giftig für Mensch und Tier.

REGISTER

DER AUTOR

David Domoney, C Hort., FCI Hort.

David Domoney gehört zu den führenden britischen Zimmerpflanzenexperten. Er ist davon überzeugt, dass Pflanzen die Kraft haben, die physische und psychische Gesundheit positiv zu beeinflussen. Zurzeit macht er mit seinen Talks und Vorträgen zu diesem Thema Furore und unterstützt eine Reihe gemeinnütziger Organisationen, die seine Philosophie teilen. So berät er die Gesundheitsorganisation SANE, die sich der Förderung von Menschen mit psychischen Krankheiten verschrieben hat. Er wurde zudem von Thrive, einem Wohltätigkeitsverein, der therapeutischen Gartenbau für Menschen mit körperlichen Behinderungen anbietet, zum Botschafter ernannt und ist Schirmherr von Greenfingers, einer Organisation, die Erholungsgärten für Kinderhospize in ganz Großbritannien anlegt. Zudem hat er die britische Initiative Cultivation Street angestoßen, mit der er Gemeinschaftsgärten unterstützt.

David arbeitet als Gartenexperte und Botschafter für das Chartered Institute of Horticulture, ist Mitglied im Wirtschaftsrat der Royal Horticultural Society und Schirmherr der Birmingham Botanical Gardens. Die RHS hat ihm bereits mehr als 30 RHS-Medaillen für seine Gartenentwürfe, Blumenarrangements und wissenschaftlichen Ausstellungen sowie pädagogischen Konzepte verliehen, darunter eine Goldmedaille auf der Chelsea Flower Show.

Als Moderator des beliebten Gartenmagazins *Love Your Garden* beim britischen TV-Sender ITV1 erreicht David regelmäßig 4 Millionen Zuschauer. Seit über 10 Jahren gehört er ferner als Gartenexperte zum Team der Morgenshow von ITV1.

Dank

... des Autors Ich danke Danielle Walsh für ihre ununterbrochene Unterstützung und Hilfe bei der Recherche. Sie hat sich mächtig ins Zeug gelegt, damit ich meine Termine halten kann, und das Lektorat organisiert. Ein großer Dank geht auch an Rosie Irving für ihre Recherche und ihr Korrektorat, ferner an Charlotte Robertson, meine Agentin, für ihren freundlichen Rat und Zuspruch. Danke, Alastair Laing und Holly Kyte von DK für eure Unterstützung und Begeisterung.

Nicht zuletzt danke ich meiner Familie: Adele, unseren Kindern Alice, Abigail und Lance, die mir immer wieder klarmachen, wie wichtig die Wertschätzung von Natur ist, sowie meinen Eltern Ray und Jean für ihre Unterstützung und Liebe.

Zum Schluss geht noch ein dickes Dankeschön an die Belegschaften der Zimmerpflanzenabteilungen von Gartencentern, weil sie sich unermüdlich dafür einsetzen, dass Menschen die Kultur von Zimmerpflanzen auch wirklich genießen.

... des Verlags DK dankt Simon Esdale von Flamingo Plants Ltd, der uns bei der Besorgung von Pflanzen unterstützt und zugelassen hat, dass wir bei ihm Fotos machen dürfen, Sally Smallwood für ihre Mithilfe bei den Fotos und Marie Lorimer für die Erstellung des Registers.

Bildnachweis

Der Verlag dankt folgenden Personen und Organisationen für ihre freundliche Genehmigung zum Abdruck der Bilder:

(Abkürzungen: o = oben, u = unten, m = Mitte, l = links, r = rechts, g = ganz)

94–95 123RF.com: stevanzz (u). **103 123RF.com:** stevanzz. **134–135 Dreamstime.com:** Kitithat Pansang (u). **144:** Heather Hayton (gol).

Umschlagbilder: *Rückseite, links nach rechts*: Peter Anderson, Ruth Jenkinson, Rob Streeter; *Rücken, oben nach unten*: Tim Winter, Matthew Ward; *Vorderseite*: Foto: Ruth Jenkinson.

Noch mehr Spaß und Lesefreude

ISBN 978-3-8310-4014-8
19,95 € (D) / 20,60 € (A)

ISBN 978-3-8310-3903-6
19,95 € (D) / 20,60 € (A)

ISBN 978-3-8310-4159-6
19,95 € (D) / 20,60 € (A)

ISBN 978-3-8310-3784-1
19,95 € (D) / 20,60 € (A)

DK

www.dk-verlag.de